MODRYB LANAF LERPWL

MEINIR PIERCE JONES

Argraffiad cyntaf — 1991

ISBN 0 86383 783 2

ⓗ Meinir Pierce Jones

Dymuna'r cyhoeddwyr gydnabod cymorth a chyfarwyddyd
Adrannau'r Cyngor Llyfrau Cymraeg a noddir gan
Gyngor Celfyddydau Cymru.

Argraffwyd gan
J. D. Lewis a'i Feibion Cyf., Gwasg Gomer, Llandysul

I Nia

1.

Nos Sul oedd hi, noson golchi gwallt a gwely cynnar i blant yr Hen Reithordy. Roedden nhw ill tri wedi bod yn yr Ysgol Sul a nawr roedd wythnos newydd o'u blaenau, wythnos fel pob wythnos arall. Neu felly roedden nhw'n meddwl . . .

Roedd Gwenan wedi hen fynd i glwydo ac yn cysgu'n swat yn ei gwely bach ac felly chlywodd hi mo ganiad y ffôn na'r sŵn crio a gododd o'r parlwr ymhen sbel wedyn. Roedd Robat a Huw i fod yn cysgu hefyd, heblaw eu bod nhw wedi mynd i daeru pwy enillodd Gwpan y Byd yn 1966. Ond pan glywon nhw'r

7

sniffian ac yna'r sŵn chwythu trwyn tawelodd y ddau ac edrych ar ei gilydd:

'Well i un ohonan ni fynd i lawr ati?' awgrymodd Huw, yr ieuengaf. 'Bechod.'

'Mae'n iawn 'sti, mae Dad yna,' atebodd Robat. 'Anti Ceinwen oedd ar y ffôn eto, mae'n siŵr.'

Chwaer Mam oedd Anti Ceinwen, ac roedd hi'n byw yn Hong Kong.

'Ella, ond ella ddim, ac os nad eith un ohonan ni i lawr, chawn ni ddim gwybod be sy'n mater, na chawn.' Meddyliodd Huw am funud cyn dweud: 'Ella bod Annie May wedi marw'.

Hen ferlen fynydd Mam oedd Annie May ac roedd hi'n byw ar fferm y Ddôl.

'Dos di 'ta,' meddai Robat, 'dwi wedi blino.'

Cytunodd Huw gan gwyno. Doedd o ddim yn ffansïo'r syniad o godi o'i wely clyd a mynd i lercian yn ei byjamas ar hyd pasejys cul, tywyll y tŷ. Ond doedd arno ddim eisiau colli dim byd chwaith. 'Babi clwt,' poerodd i gyfeiriad ei frawd, cyn sgrialu i lawr y grisiau.

Roedd drws y parlwr yn gilagored ac o sefyll yn dawel a chlustfeinio, gallai glywed llef druenus ei fam, drwy'i dagrau: 'O Emyr, be dwi'n mynd i wneud?'

Safodd Huw yn stond yn ei unfan a gwrando.

'Duwcs, waeth iti heb â phoeni,' clywodd ei dad yn ateb. 'Wnaiff un bach arall ddim llawer o wahaniaeth.'

'Does gen ti ddim syniad!' llefodd Mam, 'faint o waith fydd 'na. Ac mi fydd fy nerfa fi'n rhacs.'

Daliodd Huw ei wynt. Beth ar y ddaear fawr oedd yn bod?

'Ffonio rhywun yr adeg yma o'r nos,' meddai Mam yn styrblyd wedyn. 'Chwarae teg.'

'Rhyfedd hefyd,' meddai Dad. 'Ffonio o giosg gefn nos fel hyn. Hi o bawb.'

Edrychodd Huw ar ei wats. Naw o'r gloch oedd hi. Dim ond naw o'r gloch.

Ond pwy fyddai'n ffonio o giosg am naw o'r gloch ar nos Sul? Pwy. Pwy? Ffrind i'r teulu, dyfalodd yn sydyn. Ia, dyna fo. Ffrind i'r teulu oedd am fod yn gyfrinachol. Roedd Dad byth a hefyd yn dweud wrtho fod yna ateb syml, cyffredin, agos-atoch i bob dirgelwch. Roedd o ar y trywydd iawn, yn sicr.

Meddyliodd Huw yn galed a'i ddychymyg ar garlam. Ffrind i'r teulu. Pwy felly? Doctor Gwen, ella? Ia, digon posibl. Tebygol, hyd yn oed, er bod ganddi ffôn yn ei char a'i thŷ a'i meddygfa. Ond os mai Doctor Gwen oedd hi, yna pwy oedd yr 'un bach arall' roedd hi wedi sôn amdano oedd wedi peri i Mam gynhyrfu cymaint? Aeth cryndod i lawr asgwrn cefn y bachgen wrth iddo amau.

'Mi wna i baned i ti, Cari,' cynigiodd Dad. 'Mi fyddi di'n teimlo'n well wedyn.'

'Dim paned dwi'i eisio,' meddai Mam. '*Gin* mawr.'

9

'Paid â rwdlan,' meddai Dad. 'Mi basith hyn fel bob dim arall ac mi fyddi di'n chwerthin wrth edrych yn ôl.'

Clywodd Huw sŵn traed ei dad yn anelu am y drws a heglodd hi i fyny'r grisiau. Roedd o wedi clywed mwy na digon.

'Robat,' sibrydodd yn daer ar ôl cau drws y llofft ar ei ôl, 'wyt ti'n cysgu?'

'Ydw,' atebodd hwnnw. 'Be oedd?'

'Dwi'n meddwl,' atebodd Huw yn ddifrifol, 'bod Mam yn mynd i gael babi arall.'

'O, na!' gwaeddodd Robat. 'Am ofnadwy!'

'Ia,' cytunodd Huw gan ddringo i'w fync. 'Chawn ni ddim gwylia 'leni eto, gei di weld. Dim ond mynd i Mothercare.'

Meddyliodd Robat am funud ac yna meddai: 'Ond mae gynnon ni fabi'n barod'.

'Mae hi'n ddwy a hanner jest, dydi? Mae hi'n fwy na babi,' atebodd Huw yn ddoeth.

'Babi ydi hi.'

'Mecsico! Mecsico!' cyhoeddodd Huw i roi pen ar y ddadl. 'Wela i chdi fory. Nos dawch.'

A dyma fo'n mynd i gysgu'n braf.

Ond bu Robat yn gorwedd ar ei gefn yn y bync uchaf yn sbio ar y poster o Wali Tomos o *C'mon Midffîld* uwch ei ben am hir wedyn. 'Bol mawr eto, Wali bach,' meddai o'r diwedd, 'ac wedyn clytia a chrio. Doctyfs an' nyfsys, myn diân i!'

'Diwrnod Anti Meri heddiw,' meddai Huw pan gyrhaeddodd y gegin fore trannoeth. 'Tybed be gawn ni gynni hi? Jeli bebis gawson ni'r wythnos dwaetha 'te?'

'Dwi eisio jeli bebis,' gwaeddodd Gwenan gan wthio'i phowlen Weetabix draw. 'Jeli bebis! Jeli bebis!'

'Dim Weetabix, dim jeli bebis,' bygythiodd Dad yn chwyrn.

Eisteddai Mam a'i phen yn dal ei phenelin a phaned o de cryf fel triog o'i blaen. 'Tydi Anti Meri ddim yn dŵad i llnau heddiw,' meddai hi. 'Dwi newydd ffonio i'w stopio hi.'

'Pam?' holodd Gwenan a Huw a Robat fel côr cydadrodd.

11

'Dwi i ddim yn mynd i 'ngwaith, dyna pam,' meddai Mam. 'Dwi i wedi cymryd gwylia — i llnau.'

'O,' meddai Robat, 'wela i.' Cofiai'r wythnosau o daflu i fyny beunyddiol pan oedd eu mam yn disgwyl Gwenan, a lot o 'wylia' o'r llyfrgell i daflu llwch i'w llygaid nhw'r hogiau. Edrychodd i fyw llygaid Huw, ond roedd hwnnw'n rhy ifanc i gofio. Yr unig beth ar ei feddwl o oedd jeli bebis — neu'n hytrach dim jeli bebis.

'Rydach chi'n casáu llnau, Mam,' cyhuddodd Robat.

'Ydw,' cytunodd Mam, 'â chas perffaith. Ond dyma'r unig gyfle ga i cyn iddi landio ac mae'n rhaid gwneud y job yn iawn.'

Edrychodd Robat ar ei dad. On'd oedd naw mis yn hen ddigon o amser i unrhyw un lanhau tŷ o'i ben i'w waelod? Ond wnaeth Dad ddim byd ond sgrytio'i ysgwyddau a chymryd darn arall o dôst.

'Sut ydach chi'n gwybod mai hi fydd hi?' gofynnodd Robat yn graff. 'Ydach chi wedi cael sgan yn barod?'

'Sgan?' adleisiodd ei fam. 'Sgan? Be haru chdi, hogyn?'

'Sgan yn yr ysbyty 'te, i gael gweld ydi'r babi'n iawn.'

'Babi? Pa fabi, neno'r tad?'

'Dydach chi ddim yn disgwyl babi?'

'Mae gen foch bach glustia mawr,' meddai Dad wrth Mam. 'A dychymyg fel lastig.'

'Does 'na ddim babi felly?' Edrychodd Robat yn syn o'r naill i'r llall ac yna'n flin ar Huw oedd newydd ddarganfod mor ddiddorol ydi'r sgrifen ar gefn pot marmaled.

'Babi?' wfftiodd ei fam. 'Debyg iawn nad oes 'na ddim babi! Tydi dy dad wedi cael y snip. Er, mi fasa'n well gen i gael babi neu ddau na Modryb am dridia.'

Syllodd Robat ar ei dad eto. Roedd o wedi mynd yn binc rownd ei glustiau.

'Modryb?' holodd Huw. 'Fath ag Anti Meri?'

'Naci, 'nghyw i,' meddai Mam, 'dim fath ag Anti Meri. Mi fasa Modryb yn golchi'r llawr efo côt ora Anti Meri.'

'Yr hen beth honno o Lerpwl, ydi?' holodd Robat oedd yn ddigon hen i gofio ymweliad diwethaf chwaer fawr ddychrynllyd ei daid. 'Honno oedd yn gwneud te a blas pwll nofio arno fo?'

'Ia,' cytunodd ei fam. 'Rhoi *bleach* yn y tecell oedd hi 'te, i ladd *germs*. Mi fuo'n rhaid i mi brynu un newydd ar ôl iddi fynd adre.'

'Ni'n cael jeli bebis gynni hi?' gofynnodd Gwenan.

'Go brin,' meddai Dad gan ysgwyd ei ben. 'Steradent bob un cyn mynd i'ch gwlâu fydd hi. Eich modryb ydi dynes lana Lerpwl.'

'Be ydi Steradent?' gofynnodd Huw.

13

'Stwff llnau dannedd-gosod hen bobol gafodd ormod o jeli bebis pan oeddan nhw'n blant.'

Chymerodd Robat ddim sylw o esboniad ei dad. Roedd o'n syllu ar Gwenan oedd wrthi'n gwneud poits difrifol efo'i Weetabix. Doedd babis ddim mor ddrwg â hynny, unwaith roedd rhywun wedi arfer efo nhw, meddyliodd. Ond Modryb? Dynes lanaf Lerpwl? Suddodd ei galon i'w esgidiau.

'Pryd mae hi'n cyrraedd?' holodd yn brudd.

'Heno,' atebodd ei dad. 'A does neb i roi'r un pwmp o hynny tan nos Wener.'

2.

Erbyn i Robat a Huw gyrraedd adref o'r ysgol roedd Mam wedi cael amser i'w gyrru ei hun i stad o banic llwyr ar gownt ymweliad Modryb.

'Peidiwch â dŵad i'r tŷ,' bloeddiodd drwy'r ffenest pan welodd ei dau fab yn nesu at ddrws y cefn, 'dwi newydd olchi'r llawr a does arna i ddim eisio i neb 'i ffagio fo.'

'Ond mi rydan ni eisio te,' meddai Huw'n druenus. 'Dwi ar lwgu.'

'Dyma i chi bicnic,' meddai Mam gan estyn cwd papur oddi ar y bwrdd a'i hwrjio iddynt.

Agorodd Huw y cwd papur a chraffu i mewn

14

iddo. Anaml iawn roedd rhywun yn cael picnic heb grefu amdano. 'Brechdan be?' holodd yn amheus.

'Pâst,' meddai Mam.

'Ond mi rydach chi'n gwybod mai jam coch dwi'n licio,' cwynodd Huw.

'Dwi wedi taflu'r potia jam i gyd,' meddai Mam. 'Hen beth poitshlyd ydi o. Berwi yn y potia ar y tywydd poeth 'ma.'

'Mae'n bwrw glaw,' meddai Robat. 'Does 'na neb yn cael picnic ar y glaw.'

'Ewch i'r garej i'w fwyta fo,' meddai Mam gan gau'r drws yn eu hwynebau.

Pan oedden nhw wrthi'n bwyta'r picnic cyrhaeddodd Dad gyda Gwenan oedd wedi bod yn cael ei gwarchod gan Nain Ddôl. Doedd Nain Ddôl ddim yn un ffyslyd iawn ac roedd Gwenan wedi cael ei helpu i wneud cacen a rhoi bwyd i'r cŵn. Edrychai'n hapus iawn, ac yn fudr iawn.

'Hogan Nain Ddôl ydw i heddiw,' cyhoeddodd wrth ei brodyr.

'Fydd rhaid i ti fynd i'r bàth,' meddai Huw, 'a chael dy sgwrio cyn i Modryb gyrraedd.'

'Beryg fod dy frawd yn iawn am unwaith, 'sti,' meddai Dad wrth y fechan. 'Tyrd yn dy flaen.'

Ond cyn i Dad gael cyfle i roi ei law ar handlen drws y cefn roedd Mam wedi'i agor. Rhythodd ar ei merch fach am eiliad, ac yna

16

trodd ei thrwyn fel cath yn ffieiddio pysgodyn wedi drewi.

'Mae'n olreit,' meddai Dad, gan geisio camu heibio i'w wraig. 'Mi a' i â hi i'r bàth rŵan.'

'Bàth?' sgrechiodd Mam ar dop ei llais. 'Chaiff hi ddim mynd i'r bàth, siŵr. Dwi wedi'i sgwrio fo'n lân efo Flash a Dettol. Mi gym'rodd awr a hanner i mi. Mi fydd yn rhaid i ti fynd â hi'n ôl i'r Ddôl am fàth.'

'Ond, Cari bach,' rhesymodd ei gŵr, 'mae hi'n ddeng milltir o daith, ac mae 'na lot o draffig yr adeg yma o'r dydd.'

'Bàth Dennis drws nesa 'ta,' meddai Mam, 'neu Greta dros lôn. Unrhyw fàth, ond nid ein bàth ni.'

'Yli, 'nghariad i,' meddai Dad yn ei lais siwgr-candi. 'Mi wn i dy fod ti'n poeni am y fisit 'ma, ond mi rwyt ti'n gor-wneud petha. Rŵan gad i mi ddŵad i'r tŷ ac mi wna i sosej ac ŵy i ni i gyd, a rhoi Gwenan yn y bàth, ac wedyn mi awn ni i'r stesion i nôl Modryb.'

'Na chei,' meddai Mam, gan sefyll ar draws y drws fel sentinel. 'Chei di ddim dŵad i'r gegin lân neis 'ma i boitshio. Mi fydd 'na smotia saim a briwsion ym mhobman.'

Gwylltiodd Dad yn sydyn a throdd y llais siwgr-candi yn llais dweud-y-drefn-wrth-blant-drwg. 'Rho'r gora i'r lol 'ma rŵan, er mwyn y nef. Iesgob, mae'n rhaid i ddyn gael bwyd!'

'Tsips,' meddai Mam gan estyn ei phwrs oddi
ar y silff wrth y drws. 'A chofia daflu'r papur i
ryw fin yn dre, nid ein bin ni. Dwi newydd 'i
olchi fo efo Jeyes Fluid rhag bod 'na hen olga
arno fo.'

Roedd Robat a Huw wedi bod yn gwylio'r
perfformiad hwn o'r garej a'r picnic yn angof ar
eu gliniau.

'Tydi hi ddim tebyg iddi hi'i hun, nac'di,'
sylwodd Robat. 'Bai'r hen Fodryb 'na ydi o. Mi
fasa'n well tasa hi wedi aros yn Lerpwl.'

'Oedd well gen i mam ni fel roedd hi,' meddai

18

Huw mewn llais bychan. 'Dim ots gen i fod 'na jam yn berwi yn y cypyrdda a blew yn y bàth.'

Ar ôl i Gwenan gael ei 'molchi yn sinc Dennis drws nesaf ac i Mam fodloni fod eu tŷ hwy cyn laned ag yr oedd posibl i unrhyw dŷ fod, dyma gychwyn am y dre.

Roedd Mam yn fol tsips fel arfer a gobeithiai Robat y byddai sgram o sglodion a 'sgodyn a sôs coch yn ddigon i ddod â hi at ei choed. Ond nid felly y bu.

'Dim tsips i mi,' cyhoeddodd. 'A does 'run o'r lleill ohonoch chi i fwyta yn y car, chwaith. Ewch i eista ar honna,' gorchmynnodd gan bwyntio at fainc ar gornel y stryd.

'Ond, Mam . . .' protestiodd tri llais o'r cefn, 'mae'n oer.'

'Iachus braf,' meddai Mam. 'Gofalwch nad ydach chi ddim yn eista ar hen faw deryn.'

'Lle mae'r ddynas fydda'n arfer mynd â'i phlant am dro i Goed Ffridd i weld y mwyalchod a'r piod a'r ji-bincs, a fydda'n arfer dweud fod hynny'n bwysicach o lawer na llnau?' gofynnodd Dad. 'Ro'n i'n ffrindia efo'r ddynas honno.'

'Wel ia,' meddai Mam, 'ond dwi wedi meddwl llawer er i mi ddechra'r *spring clean* y bore 'ma, ac mae Modryb yn llygad 'i lle. Mae glanweithdra *yn* bwysig. Gormod o faw sy yn y

19

byd 'ma. Tasach chi wedi gweld y fflwff a'r llwch a'r ôl bysedd a'r ôl traed oedd yn y tŷ acw. Roedd gen i g'wilydd ohonaf fy hun. "Tŷ glân, calon lân," dyna fydda Modryb yn 'i ddweud bob amser.'

'Ydi hi'n sâl, d'wad?' gofynnodd Huw i'w frawd gan amneidio i gyfeiriad ei fam.

'Llwch wedi effeithio ar 'i brêns hi, mae'n siŵr,' atebodd Robat.

'Ond nid ar 'i chlyw hi,' cyfarthodd Mam. 'Gwrand'wch rŵan, bawb. Dwi wedi meddwl a dwi'n sylweddoli 'mod i wedi bod yn hen slebog fudr ar hyd y blynyddoedd. A dwi'n mynd i newid fy ffyrdd. O hyn ymlaen, tŷ ni fydd Tŷ Glanaf Cymru. A fi fydd Mam Lanaf Cymru.'

Ni fentrodd Robat ddweud yr un gair y tro hwn, dim ond ysgwyd ei ben o'r naill ochr i'r llall mewn anobaith.

'Mae dipyn o faw yn iawn yn 'i le,' meddai Dad yn rhesymol.

'Nac'di, wir,' arthiodd Mam, 'meddwl fel'na oedd fy nghamgymeriad mawr i ar hyd y blynyddoedd. Ond dwi wedi penderfynu troi dalen lân. Ac mi fydd y dyddia nesa 'ma tra bydd Modryb acw yn gwrs carlam gwych i mi, achos fel dwedest ti, Emyr, Modryb ydi dynes lana Lerpwl.'

'Dwi eisio Nain Ddôl,' meddai Gwenan o'r cefn. 'Hogan Nain Ddôl ydw i.'

Trodd Robat at Huw a syllu i fyw ei lygaid.

'Be ydan ni'n mynd i wneud?' gofynnodd yn daer. 'Mae hi fel tasa 'na *alien* wedi mynd i mewn i'w phen hi.'

'Neu feirws llnau,' meddai Huw, 'sy'n gwneud iddi fethu stopio llnau, a sôn am llnau.'

'Fath â robot,' meddai Robat, 'a Modryb yn 'i yrru fo. Modryb ydi'r Big Boss.'

Credai pawb mai Robat oedd un peniog y teulu ond roedd Huw yn glyfar hefyd, yn ei ffordd fach dawel, freuddwydiol ei hun.

'Y peth i' wneud,' meddai fo wrth ei frawd mawr rŵan, 'ydi cracio Modryb. Os medrwn ni brofi nad ydi Modryb mor "wych-pych" â hynny wedi'r cwbwl, mi fydd bob dim yn iawn, bydd?'

Syllodd Robat ar ei frawd bach a nodio'i ben i fyny ac i lawr. Gwyddai fod Huw wedi taro'r hoelen ar ei phen. Ond a allen nhw ill tri, fo a Huw a Gwenan fach gracio Modryb, Dynes Lanaf Lerpwl? Dyna oedd y cwestiwn mawr.

3.

Chafodd yr hogiau mo'u siomi yn Modryb. Roedd hi'n fawr fel tancar, ac yn sgleinio o bell. Ac roedd hi mor lân a ffyslyd a diflas gant a deg y cant ag yr oedden nhw wedi ofni.

21

Y peth cyntaf y cwynodd hi amdano oedd fod aroglau petrol yn y car pan stopion nhw mewn garej am betrol. Yr ail beth y cwynodd hi amdano oedd fod dail wedi disgyn oddi ar y coed yn yr ardd. Y trydydd peth y cwynodd hi amdano oedd fod ôl traed ar y mat sychu traed yn y portico. A Mam fel oen llywaeth wrth ei chwt yn dweud: 'Ia wir, Modryb. Ddrwg gen i, Modryb,' ac ati.

Y funud y cyrhaeddon nhw adref diflannodd Dad i'r llofft efo Gwenan oedd wedi cysgu'n sownd ar y daith o'r dre. Ond arhosodd Modryb yn y gegin lân, lân gyda Mam ac edrych o'i chwmpas yn feirniadol. Tynnodd ei chôt law o dipyn i beth ac ailddechrau sbio — sbio am gornel lle gallai roi ei chôt yn ddiogel o'i llaw.

'Wir, Carwenna fach,' meddai hi ymhen sbel, gan droi'r gôt tu chwithig allan a'i rowlio a'i gosod yn ofalus dros ei braich dde, 'dwn i ddim be oedd ar eich pen chi'n cael babi arall. Llanast sy 'na efo babis 'te. Llestri plastig a thegana a bratia a photis. Ych a fi!'

Cododd Modryb ei phen yn sydyn a tharo'i golwg ar Huw a Robat oedd yn sefyll wrth ddrws y pasej, yn ei llygadu. 'Mi fasa rhywun yn meddwl fod dau o hen hogia'n ddigon drwg,' ychwanegodd yn greulon, 'heb gael babi atyn nhw.'

Aeth Mam yn wyn, wyn am funud. Safodd yn ei hunfan a golwg fel petai am feichio crio arni.

22

Ond yna daeth ati'i hun rywsut a wincio'n ffug-hwyliog ar ei dau fab. 'Paned, Modryb?' cynigiodd yn siriol, 'mi fyddwch yn teimlo'n well wedyn.'

'Dowch i mi'i wneud o,' gorchmynnodd Modryb gan fachu'r tebot o law Mam. 'Mi rown i ddau dro am un i chi, hogan. Lle mae'r te?'

Estynnodd Mam y gist de a phaned o fisgedi siocled newydd sbon o'r cwpwrdd bwyd. Pan welodd Robat a Huw y bisgedi penderfynodd y ddau y byddai'n werth dioddef rhagor o dafod Modryb am *Chocolate McVitie's*, a dyma fentro'n ôl i'r gegin. Ond cyn iddynt gael aroglau'r bisgedi hyd yn oed, roedd Modryb wedi cipio'r paced o law Mam, sodro'i throed fawr rymus ar bedal y bin a'i ollwng iddo'n seremonïol. Ac wedyn dyma hi'n troi at Mam.

'Ddylech chi byth, *byth,*' pregethodd, 'adael bisgedi yn y cwpwrdd bwyd yn 'u papur lapio. Mae 'na hen bryfed bach, bach, Carwenna, sy'n gallu byw mewn cwpwrdd bwyd, ac fe allen nhw gnoi drwy'r papur a mynd i mewn i'r bisgedi, wyddoch chi. Ansbaradigaethus.'

'Ond mi wnes i llnau'r cwpwrdd y pnawn 'ma . . .' protestiodd Mam.

'BYTH,' cwafrodd Modryb wedyn. 'Mi ddylid cadw bisgedi mewn tun BOB amser.'

'Fydd 'na ddim un ar ôl unwaith yr agora i o,' mentrodd Mam, gan amneidio i gyfeiriad yr hogiau.

'BYTH!'

'O, o'r gora, Modryb,' cydsyniodd Mam yn ufudd. 'Mi bryna i dun peth cynta bora fory.'

Edrychodd Huw a Robat ar ei gilydd yn siomedig. Roedd Mam fel petai hi am adael i Modryb ei rheoli. Roedd hi fel petai Modryb wedi rhoi melltith arni i'w gwneud yn forwyn fach ffyddlon iddi hi. Big Boss a'i robot.

Arhosodd y ddau wrth y drws am sbel ond doedd dim golwg am ddim arall i'w gnoi ar ôl diflaniad annisgwyl y bisgedi, dim ond Modryb yn dal i harthio. Ymhen tipyn amneidiodd Robat a chychwynnodd Huw ac yntau ar hyd y pasej. Ond cyn iddynt gyrraedd gwaelod y grisiau fe'u stopiwyd yn eu tracs gan sgrech annaearol o enau Modryb:

'NEB i fynd i fyny'r grisia heb dynnu'i esgidia!' bloeddiodd.

'Iawn,' meddai'r ddau fel un dyn.

'Mae pobol yn cario baw i'r llofftydd ar wadna'u hesgidia ac yn baeddu carpedi, wyddoch chi.'

'Iawn,' meddai'r ddau wedyn.

Wrth iddynt ddringo'r grisiau yn nhraed eu sanau, gallai Robat a Huw glywed Modryb yn dal i frygowthan a llais Mam fel llais batri babi dol yn dweud 'Ia,' a 'Na,' a 'Sorri' bob hyn a hyn. I Robat, roedd hynny'n waeth na'i chlywed hi'n crio'r noson cynt.

25

'O, be ydan ni'n mynd i wneud?' dolefodd Huw ar ôl iddyn nhw gyrraedd eu llofft o'r diwedd, 'mi fydd wedi'n gyrru ni'n boncers!'

'Bydd,' cytunodd Robat yn sobor. 'Fydd bywyd ddim gwerth 'i fyw am y pedwar diwrnod nesa 'ma.' Cofiodd yn sydyn am addewid ei fam i fod yn Fam Lanaf Cymru. 'Am flynyddoedd ella,' ychwanegodd.

'Glywist ti powld oedd hi? A Mam yn cymryd y cwbl . . .'

'Fory,' dywedodd Robat ar ei draws gan ddringo i'w fync, 'mi fydd rhaid i ni feddwl am gynllun i roi pin yn swigan Modryb.'

'Bydd,' cytunodd Huw. 'Nos dawch.' Ac aeth i gysgu.

Ond bu Robat yn effro'n hir ar ei ôl yn syllu ar y poster o *C'mon Midffîld* uwch ei ben. 'Tictacs, dyna sy eisio 'te, Wali,' meddai. 'Tic-tacs.'

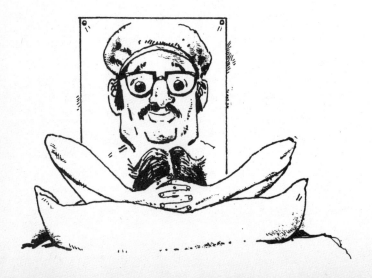

4.

Bore trannoeth penderfynodd Modryb ymosod ar y stydi. Roedd Mam wedi meddwl y byddai'r fan honno'n ddiogel ac wedi cario pob math o lanast yno. Wel, nid llanast chwaith ond pethau: papurau newydd a hen deganau a dillad oedd angen eu smwddio a stwff peintio'r plant ac offer pysgota Dad. Bu Modryb wrthi am oriau yn tyrchu ac yn taflu nes bod tomen anferthol wedi hel wrth ddrws y stafell erbyn amser cinio.

'Be ydi'r rhain?' gofynnodd Modryb pan ddaeth ar draws twr uchel o'r *Faner* roedd Dad wedi'u cadw i'w darllen ryw bnawn glawog yn 1999.

'*Y Faner,*' meddai Mam yn urddasol.

'Sbwriel!' bloeddiodd Modryb. 'I'r bin â nhw!'

Doedd Mam byth yn taflu papurau newydd na chylchgronau. Byddai'n mynd â hwy i'r banc hen bapurau yn y dre i gael eu hailgylchu. Ceisiodd egluro hynny wrth Modryb, ond doedd ganddi ddim iot o gydymdeimlad.

'Rybish,' meddai hi ar dop ei llais, 'ydi rybish, Carwenna fach. Llosgwch nhw!'

Dechreuodd Mam eu cario i'r garej fesul tipyn, a Gwenan wrth ei chwt yn codi ambell un a ddisgynnai hyd lawr. Doedd dim golwg eu bod am gael stopio am ginio ac felly, pan

27

gyrhaeddon nhw'r gegin, rhoddodd Mam baced o greision i'r fechan i'w chadw i fynd.

'Dos allan i'w bwyta nhw, dyna hogan dda,' meddai wrthi, 'neu mi fydd rhaid i mi sgubo fan'ma eto.'

'Be sy, Mam?' gofynnodd Gwenan ar ôl ei gosod ei hun ar hen fat yn y garej efo'r creision i wylio'i mam yn ceisio cuddio'r hen *Faneri* y tu ôl i duniau paent. 'Pam dwyt ti ddim yn gwenu, Mam?'

'Wel am gwestiwn digri.' Ystyriodd ei mam am funud ac yna ceisiodd ei gorau i wenu. 'Ddim wedi cael amser, pwt!'

'Dwi ddim yn licio llnau.'

'Na finna, rhyw llawer,' cyfaddefodd Mam yn

28

onest, gan bwyso am funud yn erbyn y peiriant torri gwellt. Ond yna sylwodd mor fudr oedd o, a sythu'n flinedig. 'Mi fasa'n well gen i fod yn gweithio, neu fynd am dro efo chdi, cofia.'

'Tyrd am dro 'ta.'

Ysgydwodd Mam ei phen i'r naill ochr. Feiddiai hi ddim. Prin ddechrau roedd y cwrs carlam mewn glanhau a fyddai Modryb byth yn maddau iddi am sleifio i'r cae chwarae ar ganol y cyrch ar y stydi. Byddai'n edliw ac yn rhefru, a fyddai bywyd ddim gwerth ei fyw tan nos Wener.

'Dim heddiw, siwgwr.'

Y gwir oedd fod Mam yn dechrau difaru'n barod (yn ddistaw bach) ei bod hi wedi cyhoeddi wrth ei theulu'r noson cynt mai hi fyddai Mam Lanaf Cymru o hyn allan. Doedd llnau ddim yn waith mor ddifyr wedi'r cwbl, ac roedd hi wedi cael llond bol yn barod, ar ôl dim ond diwrnod a hanner. Be oedd wahaniaeth am dipyn bach o faw, a dipyn bach o lwch?

Ond gwyddai Mam o'r gorau, llwch neu beidio, na fyddai fiw iddi drio troi'n ôl rŵan, a llyncu'i geiriau. Pe gwnâi hi hynny byddai'n destun sbort gan Emyr a'r plant am fisoedd, neu flynyddoedd ella. A byddai Modryb yn ei darn-ladd.

'Awn ni i rywle fory,' cynigiodd i'w merch. 'Liciat ti fynd i'r pwll nofio?'

Eisteddai Gwenan a'i choesau o'i blaen, gan droi ei thraed am allan, ac yna am i mewn. Sandalau coch, a sglein fawr arnyn nhw. Creision blas nionyn, ond dim cinion cyllell a fforc. A dim mynd am dro.

'Na. Dwi'n mynd at Nain Ddôl fory,' meddai hi.

Cafodd Mam fynd am dro annisgwyl ganol y pnawn wedi'r cwbl.

'Carwenna, cariad,' meddai Modryb, 'fasach chi ddim yn picio i lawr i'r stryd i nôl tun o gŵyr i mi gael rhoi polish i'r dresel? Mi fyddach yn medru gweld eich llun ynddi erstalwm — Mami yn ei llnau hi bob dydd Mawrth a phob dydd Gwener.'

'Da iawn hi,' meddai Mam.

'Gadewch yr hogan efo mi,' gorchmynnodd Modryb wedyn gan gyfeirio at Gwenan oedd yn smalio hwfro yn ei thŷ bach. 'Ac mi ddechreua inna wneud y bwyd. Lle'r ydach chi'n cadw tatws?'

'Yn y cwt yn yr ardd,' meddai Mam.

'O, diar,' trodd Modryb ei thrwyn, 'be tasa hen grachod lludw'n mynd iddyn nhw?'

Diflannodd Mam cyn i Modryb hel nerth i ddechrau ar berorasiwn arall. Roedd hi wedi meddwl erioed fod cwt yn lle iawn i gadw tatws.

Ond wrth gwrs, byddai Modryb o'r farn fod cae yn lle rhy fudr o lawer i dyfu tatws.

Er bod siop Leo's reit yn ymyl eu cartre cerddodd Mam i siop arall tua hanner milltir i ffwrdd i nôl y polish, er mwyn ceisio cael gwared o'r cryndod yn ei bol. Roedd Modryb yn ei gwneud yn nerfus. Roedd Modryb yn gwneud iddi weld baw lle nad oedd baw, a llwch lle nad oedd fawr ddim llwch. Wyddai hi ddim sut roedd hi'n mynd i allu byw drwy'r dyddiau nesaf. Ond byw fyddai rhaid. A llnau fyddai rhaid. Llnau a bod yn ddewr, a pheidio â dangos i'r plant, yn enwedig Robat a Huw, ei bod hi'n casáu bob munud.

Pan gyrhaeddodd hi Lo-Cost prynodd Mam Gorneto mawr i'w chysuro ei hun, yn ogystal â'r polish. Ond atgoffai bob llyfiad hi am y brwsh llawr yn sgubo, sgubo, ac atgoffai bob brathiad hi am y crachod lludw'n gwledda, gwledda ar y tatws yn y cwt yn yr ardd. Siomiant fu'r Corneto a thaflodd Mam ei hanner i'r bin agosaf a llyfu'i cheg efo'i thafod wedyn. Protest fach yn erbyn Modryb oedd hynny.

Yna, pan oedd hi bron â chyrraedd adre cofiodd Mam am ei geiriau ysgubol y noson cynt. Wel, na geiriau Modryb a bod yn fanwl gywir: 'Tŷ glân, calon lân'.

Tybed, meddai Mam wrthi'i hun, gan syllu ar y tun polish. Roedd ei thŷ hi'n lân iawn

31

erbyn hyn ond roedd ei chalon yn llawn o
deimladau drwg, drwg at Modryb. 'Tŷ glân,
calon lân.' Tybed?

'Cau dy dei,' meddai Robat wrth ei frawd bach
pan oedden nhw'n nesu at giât y tŷ, 'a chriba dy
wallt.'

Roedd yr hogiau'n cerdded adre o'r ysgol ac
wedi bod yn meddwl bob cam o'r ffordd am
gynllun i wneud mistar ar Modryb. Roedd hi'n
ddigon hawdd meddwl am sgiamiau i gael
hwyl am ei phen — rhoi jeli yn ei gwely neu
sliwan yn ei chornfflêcs — ond fyddai hynny
ddim yn ei gwneud yn haws byw efo hi.

'Eisio dyn mae hi,' meddai Huw yn ddoeth.

'Dyn?' adleisiodd Robat. 'Sut ddyn?'

'Dwn i ddim. Dad oedd yn dweud.'

'Un da,' wfftiodd Robat. 'Mi fasa rhaid iddo fo
fod yn well peth na fo. Mae Modryb yn 'i fosio fo
fel licith hi. Welist ti o'n llnau'r draenia iddi
bore 'ma — cyn brecwast?'

'Do,' meddai Huw. 'Afiach.'

'Dwi'n cynnig,' meddai Robat, 'ein bod ni'n
rhoi tan amser gwely heno iddi hi, ac os nad ydi
hi'n altro mi fydd rhaid 'i hel hi odd' 'ma.'

'Sut?' gofynnodd Huw. 'Ma gen i i hofn hi!'

'Huw,' meddai Robat gan stopio yn ei unfan a
syllu'n daer i lygaid ei frawd. 'Huw. Ofn. Y feri
peth! Dwi wedi cael syniad hollol brìl!'

'O?' meddai Huw yn amheus.

'Do. Glywist ti hi'n dweud yr hen stori 'na am y bwgan yn y plas lle'r oedd 'i mam hi'n howscipar erstalwm? Neithiwr — ar y ffordd o'r stesion?'

'Do,' meddai Huw. 'Ond Robat, mae ofn bwganod arna i . . .'

'Mae'r lle 'ma'n hen fel pechod, tydi,' torrodd Robat ar ei draws. Roedd yn syllu ar yr hen

reithordy Fictorianaidd lle'r oeddynt yn byw, fel pe bai'n ei weld am y tro cyntaf yn ei fywyd. 'Ddychrynwn ni hi. Ia, dyna be wnawn ni! Welwn ni ddim ond lliw 'i thin hi'n 'i sgatio hi am adre, gei di weld.'

'*Ysbryd yr Hen Reithordy* gan Robat Owen Jôs a Huw Owen Jôs,' cyhoeddodd Huw.

'Ia. Grêt, 'te.'

'Fydd gen i ofn,' meddai Huw a'i lais yn dechrau crynu. 'Fydd gen i ofn am 'y mywyd.'

'A hitha, gobeithio,' meddai'i frawd gan sythu'i dei a thynnu'i fysedd drwy'i wallt cyn agor drws y cefn. 'Pwyllgor yn ein gwlâu heno, i drafod tictacs.'

'Ofeit, Mr Picton,' meddai Huw.

5.

Fel arfer byddai'r teulu yn bwyta'u swper am hanner awr wedi pump yn brydlon. Ond gan fod Modryb yn ffan mawr o *Neighbours* ac yn edrych ymlaen at *Bobol y Cwm* bu'n rhaid cael swper am chwech nos Fawrth, iddi hi gael gweld y ddwy raglen. Golygai hynny fod Dad yn colli'r newyddion am y tro cyntaf ers iddo briodi, ond ddywedodd o'r un bŵ o brotest, dim ond edrych yn flin ar Mam.

Roedd Huw ar lwgu ers meitin.

'Mae *Neighbours* ymlaen amser cinio hefyd, 'dach chi'n gwybod,' meddai fo gan sefyll o flaen Modryb i wneud sioe fawr o sychu ei ddwylo cyn eistedd wrth y bwrdd. '*A Phobol y Cwm.*'

'Dim yn Lerpwl,' meddai Modryb fel bollt. 'Dowch rŵan, cyn iddo fo oeri.'

Tra bu Mam yn Lo-Cost yn nôl y polish roedd Modryb wedi gwneud caseról a pharatoi'r llysiau. Roedd hi wedi crafu cymaint ar y moron nes eu bod yn denau fel beiros ac roedd y tatws fel peli golff gwynion.

'Stiw bendigedig,' broliodd Modryb gan godi hwda iawn ar blât pawb. 'Mi rhanna i o i gyd rŵan i mi gael rhoi'r ddysgl yn wlych.'

Roedd y caseról yn dda, chwarae teg, a dechreuodd pawb fwyta'n awchus. Pawb ond Gwenan.

'Tyrd, cariad,' meddai Mam oedd yn awyddus iawn i'w merch fihafio o flaen Modryb. 'Bwyta'r cig neis 'na.'

'Ddim eisio fo.'

'Pam? Tyrd, i ti gael tyfu'n hogan fawr.'

'Mae o'n ych-pych!'

'Gwenan,' rhybuddiodd Dad.

'Budr,' meddai Gwenan eto, gan rythu ar Modryb.

Roedd Modryb yn dal i fwyta fel pe bai hi heb glywed geiriau ei gor-nith. Edrychodd ar ei wats i weld faint o'r gloch oedd hi, ac yna rhoddodd lwyth arall ar ei fforc a'i droi rownd yn y grefi. Roedd yr holl waith glanhau a choginio wedi codi llwgfa fawr arni.

'Dipyn bach, pwt,' anogodd Mam, gan godi mymryn o ginio ar lwy i'w merch.

'Ddim eisio fo,' ffromodd Gwenan mewn llais uchel wedyn, a gwthio'r llwy draw.

'Plant yr oes yma,' cwynodd Modryb yn uchel wrth ei llysiau.

'Gei di fenthyg 'y *felt pens* newydd i ar ôl i ti orffen,' meddai Robat i drio helpu, wrth weld yr olwg boenus ar wyneb ei fam.

'Hi,' cyhoeddodd Gwenan wrth ei brawd gan amneidio i gyfeiriad Modryb.

Cododd Robat ei ben a chilsbio ar Modryb. A phrofodd hynny'n ddigon o sbardun i'w chwaer fach. Roedd ganddi gynulleidfa rŵan.

'Honna.'

Gwnaeth Mam wyneb sdowt ar Gwenan, a cheisio gwenu ar Modryb yr un pryd.

Ond doedd dim tewi ar Gwenan. 'Hi,' meddai eto, gan bwyntio at Modryb, 'codi cig o'r ddesgil pan oedd ddesgil yn popty.'

'O, do?' meddai Robat, gan daro tamaid mawr blasus o borc yn ei geg a dechrau'i gnoi.

'Roid fo yn 'i cheg,' aeth Gwenan yn ei blaen, 'a'i gnoi fo.'

Gwnaeth stumiau dramatig i ddangos sut roedd Modryb wedi cnoi'r tamaid cig.

36

Roedd Robert wedi'i fesmereiddio erbyn hyn ac fel petai'n gwylio gêm fideo gyffrous.

'Gnoi fo rownd a rownd. Wedyn roid fo'n ôl yn y ddesgil.'

Yn sydyn, teimlodd Robat y darn porc a lynciasai yn mynd yn sownd yn ei wddw a chyfog yn bygwth codi o'i stumog. Aeth yn binc, ac yna'n wyn fel y galchen. Meddyliodd am ddannedd-gosod mawr Modryb, ac yna cofiodd am y Steradent. Tybiodd fod blas od ar y darn porc roedd o newydd ei lyncu, a'i fod braidd yn rhy feddal, fel petai rhywun wedi'i

gnoi o'i flaen. Ac yna amheuodd, a sylweddoli'r un pryd, tebyg fod yna *germs* yng ngheg Modryb Lanaf Lerpwl, hyd yn oed.

'Sgiwsiwch fi,' pesychodd, gan godi a rhuthro am y lle chwech.

Aeth y gegin yn dawel, dawel. Edrychodd Mam a Dad ar ei gilydd. Gosododd Mam ei chyllell a'i fforc yn daclus, daclus ar ei phlât, er nad oedd hi wedi gorffen ei swper.

Roedd Gwenan yn gwenu fel giât.

Aeth llygaid Modryb yn fawr fel soseri. 'Dydach chi 'rioed yn credu ryw lol fel'na?' wfftiodd gan sbio ar ei gor-nith mewn ffordd a awgrymai nad oedd hi'n ddim gwell na lwmp o faw. 'Y cwbl wnes i oedd cymryd sip bach o'r grefi i edrych oedd 'na ddigon o halen ynddo fo.'

Edrychodd Modryb yn herfeiddiol i lygaid Mam. 'Dwi'n gobeithio'ch bod chi'n 'y nghredu i, Carwenna?'

'Ydw siŵr, Modryb,' meddai Mam yn llywaeth.

Ond methodd Mam orffen ei phlataid a fwytâi Gwenan yr un mymryn o'r stiw.

Wedi iddi olchi'r llestri, a'u rinsio mewn dŵr poeth ac yna ddŵr oer, a'u cadw aeth Modryb drwodd i'r gegin fyw i gael seibiant o flaen *Pobol y Cwm,* a Huw wrth ei chwt, gan adael dim ond Mam a Dad efo'r fechan yn y cefn.

'Ti eisio Coco Pops?' sibrydodd Dad yn glên wrth Gwenan.

'Oes, plîs.'

'O, Emyr,' wfftiodd Mam, 'ti'n 'i difetha hi.'

O'r diwedd, mentrodd Robat yn ôl i'r gegin. Aeth at sinc y gegin i nôl glasaid o ddŵr a sefyll yn dawel i'w yfed. Clywsai eiriau'i fam, ac roedd o'n cytuno â hi fod Gwenan yn cael gormod o'i dandwn gan ei thad. Jest am ei bod hi'n hogan, ac mae hi oedd y 'fengaf! Ond cododd ei glustiau fel clustiau sgwarnog pan glywodd eiriau nesaf Dad.

'Pan ei di'n ôl i'r llyfrgell, 'te Cari,' meddai fo wrth ei wraig yn bwysig, gan godi i estyn y llefrith o'r rhewgell, 'darllen di'r llyfra ar fagu plant. Maen nhw i gyd yn dweud un peth diddorol iawn.'

'O?' meddai Mam yn reit sarcastig, 'be tybed? Dweud bod Coco Pops yn dda i blant bach, ia?'

'Naci,' meddai Dad. 'Maen nhw i gyd yn dweud un peth diddorol rwyt ti a finna'n 'i wybod yn iawn. Ond dydi Modryb ddim yn gwybod, yn amlwg.'

'O,' meddai Mam yn oeraidd, 'a be ydi'r un peth diddorol 'ma, felly, Emyr?'

Safodd Dad o flaen Mam rŵan a'r botel lefrith yn ei law, ac meddai'n ddramatig:

'Dydi plant dwy a hanner, fath â hon, ddim yn gallu dweud celwydd.'

Roedd Gwenan yn rhy brysur yn bwyta'i Choco Pops i sylwi ar yr olwg o syndod agored

39

ar wyneb ei mam pan glywodd hyn, na'r wên gynnil, gynnil ar wyneb ei brawd a safai wrth ymyl y sinc.

6.

Ar ôl i *Bobol y Cwm* orffen ac i Dad fynd allan am beint roedd Modryb wedi rhoi pregeth i Mam ar sut y dylai plant ymddwyn wrth y bwrdd bwyd. Cafodd ei hatgoffa ei bod yn dod o deulu parchus a'i bod wedi cael addysg ddrud o safon uchel. Roedd hi'n ddyletswydd arni ddysgu'i phlant sut i fihafio, fel roedd hi'i hun wedi cael ei dysgu, mynnai Modryb.

Gwrandawodd Mam ar y bregeth heb ddweud yr un gair, ond doedd hi ddim yn licio. Does neb yn licio cael y drefn o flaen pobl eraill, ond mae'n waeth pan ydach chi'n dri deg pump, a'ch plant yn gwrando. Teimlai Mam yn flin wrth Modryb, a daeth yr hen deimladau drwg a fu'n ei chorddi ganol y pnawn, i'w phlagio eto. Ond edrychai Modryb yn fodlon braf, ac ar ôl gweu dwy neu dair modfedd, aeth i glwydo'n gynnar.

Ar ôl iddi fynd dechreuodd Mam feddwl am yr hen ddyddiau yn Lerpwl a'r boen o fyw drws nesaf i Modryb. Pan oedd hi'n ddeg oed roedd Taid wedi'i gyrru i ysgol breswyl yng

40

Nghymru, er mwyn gwella'i Chymraeg, ac roedd hi'n falch o gael mynd. Ddysgodd hi fawr iawn o Gymraeg yn Bodlondeb School for Girls (Dad wnaeth y gwaith da hwnnw, pan ddechreuon nhw garu) ond fe ddysgodd lawer o bethau eraill: Ffrangeg a lacrós a sut i ganu alto a siarad Saesneg crand. A sut i chwarae triciau drwg ar bobl. Doedd Mam ddim wedi rhoi cynnig ar yr un o'r triciau yma ers blynyddoedd lawer, ond fel ei hacen Saesneg anhygoel o posh, doedd wybod pryd y gallen nhw fod yn ddefnyddiol.

Teimlai Mam yn reit ddigalon ar ôl y ffiasgo amser swper a'r ffrae wedyn ac i'w chysuro'i hun aeth i nôl tomen o hen albwms lluniau i sbio drwyddynt. Ymhlith y snaps o'r plant yn fabis, a'i phriodas a miri dyddiau coleg roedd ambell hen lun ysgol. Dyna olwg wirion oedd arni mewn *gymslip* gyda gwallt cwta cwta a sbectol hen ffash' ar ei thrwyn! A dyma hi yn ei dillad tenis efo Nerys Davies a Hilary James. Rêl cês oedd Hilary!

Cofiodd Mam yn sydyn am y diwrnod y cafodd Hilary, ei ffrind gorau, ei hel adref ar ôl cael ei dal yn chwarae tric ar Metron. Roedd Metron wedi achwyn ar ôl dod o hyd i Hilary yn dodjio gwers biano yn y lle chwech. Canlyniad yr achwyn oedd fod y brifathrawes wedi rhwystro Hilary rhag mynd ar y trip blynyddol i Landudno.

41

Tric da oedd tric Hilary hefyd, cofiodd Mam. Tric da iawn, a dweud y gwir. Chawsai Metron ddim mynd i Landudno chwaith!

Giglodd Mam yn sydyn, yn union fel hogan ysgol, a chodi i gadw'r albwms lluniau ar y silff.

Roedd Dad newydd gyrraedd yn ei ôl, ac yn hongian ei gôt yn y pasej. 'Ydi Mam Lanaf Cymru am rannu'r jôc?' gofynnodd.

Ond ddywedodd Mam ddim byd, dim ond gwenu'n gyfrwys arno. Roedd hi'n teimlo'n well o lawer iawn rŵan. Doedd hi ddim yn nerfus, a doedd dim cryndod yn ei bol. Os gweithiai ei thric hi, byddai bob brwsh a chlwt yn segur yn yr Hen Reithordy drannoeth. A châi hithau fynd â Gwenan i'r pwll nofio.

'Tŷ glân, calon lân.' Lol mi lol, meddyliodd Mam.

Cysgai Gwenan yn braf yn ei gwely ar ôl bwyta llond gwlad o Goco Pops.

Ond roedd yr hogiau'n effro. Gorweddai Robat ar wastad ei gefn yn ei wely a'i ddwy law dros ei fol. Teimlai'n reit sâl wrth weld Huw'n deifio ar lawr i ddangos sut roedd wedi arbed gôl wych yn yr ysgol amser cinio.

'Mi fasan nhw wedi sgorio chwech gôl heblaw amdanaf fi,' broliodd Huw.

'Paid â'u palu nhw,' wfftiodd ei frawd. 'Dwy, mwy na thebyg.'

'Naci, tad!'

'Un 'ta.'

Roedd Huw yn enwog yn y teulu am ymestyn y gwir, fel gwm cnoi. Ond teimlai ef mai wedi cael enw drwg yr oedd yn hyn o beth, gan ei fod yn dweud y gwir, a dim ond y gwir, gan amlaf.

'Naci, tad.'

Ochneidiodd Robat. Doedd ganddo ddim nerth i daeru ar ôl yr holl daflu i fyny. Ond roedd yn rhaid trafod be i'w wneud ynglŷn â Modryb, a hynny ar frys. Roedd hi'n prysur droi'n niwsans glân. Glân wir, meddyliodd Robat wedyn, gan ysgwyd ei ben.

'Mae'n rhaid i ni wneud rhywbeth heno,' meddai wrth Huw, 'i drio dychryn y ddynas 'ma a'i chael hi odd' 'ma. Mi wnawn ni iddi feddwl fod 'ma ysbryd, ia? Ti'n gêm?'

Yn sydyn trodd y gôl-geidwad dewr yn hogyn bach ofnus iawn. Dringodd Huw i'w fync yn gyflym a thynnu'r dillad i fyny at ei gorn gwddw.

'Nos dawch,' meddai.

'Dyma fo'r cynllun,' mynnodd Robat. 'Mae un ohonan ni'n mynd i fyny'r grisia cefn i'r hen stafell chwarae, reit, heb roi'r gola 'mlaen. Wedyn y cwbwl sy eisio'i wneud ydi codi un o'r carpedi teils yn y gongol bella, uwchben llofft Modryb, a chrafu'r llawr efo siswrn neu

43

rywbeth. Crafu am dipyn. Stopio wedyn. Crafu dipyn mwy. Cario 'mlaen am tua phum munud, i roi braw go-iawn iddi. Wedyn sleifio'n ôl i lawr. Be ti'n ddweud?'

'Dim diolch,' meddai Huw gan ymgladdu dan ddillad y gwely.

'Babi blwydd,' wfftiodd Robat. 'Mi ddweda i wrth Kelly Mair gymaint o fabi wyt ti.'

'Dim ots gen i,' meddai'i frawd.

Yr *oedd* ots gan Huw, achos roedd Kelly Mair yn rêl ceg, a byddai'n siŵr o ddweud wrth bawb yn y dosbarth. Ond roedd ar Huw fwy o ofn tywyllwch, a bwgan, na sbeit Kelly Mair a'i ffrindiau i gyd.

'Mi a' i 'ta,' meddai Robat. 'Ond os na weithith hyn heno, mi fydd rhaid i ti feddwl am rywbeth nos fory. Dallt?'

'Iawn,' cytunodd Huw.

'A chdi fydd yn gorfod gwneud hefyd.'

'Iawn,' meddai Huw wedyn. Roedd hi'n ddigon hawdd addo, ac roedd nos yfory ymhell i ffwrdd.

Cododd Robat o'i wely'n ddistaw bach, a gwisgo'i slipas, a siwmper dros ei byjamas. Roedd yr hen stafell chwarae'n oer fel y bedd gefn nos. Edrychodd ar y cloc bach ar ben y ddesg. Deg o'r gloch. Byddai'i fam yn dod i fyny efo'r ddiod Horlicks roedd Modryb wedi'i archebu ymhen tua chwarter awr, a byddai rhaid iddo fo fod yn ôl yn ei fync erbyn hynny.

Estynnodd ei dorts o'r cwpwrdd-cadw-popeth a chamu tua'r drws ar flaenau'i draed.

'Hwyl,' sibrydodd Huw yn dawel fach wrth wylio cysgod ei frawd ar y pared.

Ond chafodd o ddim ateb. Roedd Ysbryd yr Hen Reithordy wedi diflannu eisoes i ddechrau ar ei waith ofnadwy o ddychryn Modryb Lanaf Lerpwl.

7.

Safai Mam o flaen y cabinet yn y stafell ymolchi. Agorodd y drws yn ofalus a dechrau chwilio'n ddistaw, ddistaw am yr hyn a geisiai. Ffisig annwyd, eli babi, clapiau sebon, persawr, past dannedd, tabledi sipian at ddolur gwddw. Ble'r oedd y paced 'na wedi mynd? Symudodd y persawr i'r ochr a chraffu y tu ôl iddo. Calpol a wadin . . . Ble ar y ddaear y gallai fo fod?

Yn sydyn clywodd sŵn bach ar y landin: sŵn fel sŵn piffian neu siffrwd. Roedd Modryb yn ei gwely yn darllen *Woman's Weekly* fel brenhines, Gwenan a'r hogiau'n cysgu a Dad yn edrych ar y newyddion hwyr ar y teledu. Dim llygod yn y cwpwrdd eirio eto, gobeithio! Roedden nhw wedi cael trafferth efo llygod y gaeaf cynt, a chawsai nythaid ohonynt wledd Nadolig flasus: degau o sanau gwlân. Yr unig biti oedd mai un o bob pâr roedden nhw wedi'i bwyta. Camodd Mam o'r stafell ymolchi ac agor drws y cwpwrdd eirio. Dim smic. Aeth yn ei blaen i lofft yr hogiau, rhag ofn.

'Ydach chi'n iawn?' gofynnodd, gan graffu i'r tywyllwch. Roedd gan yr hogiau lenni du bits ar eu ffenest: syniad gwych Dad oedd yn bwriadu defnyddio'u llofft yn stafell dywyll i ddatblygu lluniau rywbryd, ymhen tuag ugain

46

mlynedd, ar ôl iddyn nhw adael cartre. 'Does 'na'r un ohonach chi'n hel annwyd, oes?'

'Nac oes,' atebodd Huw fel bwled. 'Peidiwch â rhoi gola. Mae Robat newydd gysgu a dwi jest iawn â mynd hefyd. Nos dawch.'

'Nos dawch, cariad,' meddai Mam yn dyner, gan dynnu'r drws ar ei hôl.

Meddyliodd Mam wedyn mae'n siŵr mai sŵn Gwenan yn tisian yn ei chwsg roedd hi wedi'i glywed, ac aeth yn ei hôl i'r stafell ymolchi i ailddechrau chwilota. O'r diwedd, cafodd hyd i'r hyn y chwiliai amdano a rhoddodd ef ym mhoced ei sgert yn llechwraidd. Diffoddodd y golau a chychwyn i lawr y grisiau gan alw: 'Horlicks mewn chwinciad, Modryb'.

Nawr petai Mam wedi edrych yn y llyfrau meddygol yn y llyfrgell, neu wedi meddwl am ddau funud, hyd yn oed, mi fyddai hi wedi sylweddoli nad ydi pobl, na phlant, ddim yn gallu tisian yn eu cwsg. Ond am bum munud wedi deg y noson honno roedd meddwl Mam ar bethau llawer iawn mwy cyffrous na thisiad tebygol.

Pan oedd Mam wrthi'n rhoi'r sêl ei bendith ar yr Horlicks, a gwên fawr lydan ar ei hwyneb am y tro cynta'r diwrnod hwnnw, daeth sgrech iasol o'r llofft.

'Carwenna! Carwenna! Dowch yma'r munud 'ma! HELP!'

Gollyngodd Mam y llwy de ar lawr yn ei dychryn a dechrau rhedeg i gyfeiriad y grisiau. Ond yn sydyn cofiodd am rywbeth, a throi'n ôl yn ei thracs. Roedd y paced hollbwysig yn dal ar fwrdd y gegin! Taflodd ef i gefn y cwpwrdd sosbenni a throi wedyn a chythru drwy'r pasej.

'Carwenna, lle'r ydach chi?'

'Dyma fi!' gwaeddodd Mam, gan gofio tynnu'i hesgidiau cyn dechrau llamu i fyny'r grisiau.

Daeth Modryb i'w chwfwr ar ben y landin, a golwg fel dynes wyllt o'r coed arni. Roedd hi wedi plastro rhyw stwff gwyn anghynnes ar ei chroen cyn mynd i'w gwely ac edrychai ei phen fel coedwig o gyrlars pigog. Ond y peth gwaethaf oll oedd yr olwg o ofn yn ei llygaid bach glas.

'Carwenna,' llefodd, gan afael yn dynn yn Mam, fel petai hi heb ei gweld ers blynyddoedd, 'mae 'na sŵn rhyfedd yn dod o fan'na!' A phwyntiodd i gyfeiriad y grisiau cefn a arweiniai i'r hen lofft chwarae. '*A very odd noise, my dear,*' ychwanegodd wedyn. (Tueddai Modryb i siarad Saesneg gydag acen snobs Lerpwl pan fyddai dan deimlad.) 'Ewch i fyny i tsiecio.'

Roedd Mam wedi styrbio braidd hefyd, rhwng popeth, ond doedd fiw iddi ddangos hynny.

'Twt lol, Modryb,' meddai hi fel pe bai hi'n siarad efo Huw pan oedd o'n dychmygu pethau, 'dim ond sŵn y gwynt.' Trodd ei modryb a'i llywio'n ôl i gyfeiriad ei stafell wely gerfydd ei hysgwyddau. 'Rŵan, dowch yn eich ôl i'ch gwely, ac mi ddo i â *nightcap* bach i chi.'

Ond doedd dim troi ar Modryb. '*I want that noise investigated,*' mynnodd. 'Dwi'n saith deg un, ac yn ddigon hen i nabod sŵn y gwynt pan glywa i o. Nid sŵn gwynt oedd hwnna, Carwenna. Sŵn crafu bach rhyfedd oedd o.'

O, na, meddyliodd Mam, y bali llygod.

'Dowch chi'n ôl i'ch gwely rŵan, rhag i chi gael annwyd, ac mi a' i i fyny i sbio. Iawn!' perswadiodd Mam, a'i llais fel mêl.

Bu'n rhaid i Modryb fodloni ar hynny a dyma'r ddwy'n mynd drwodd i'r llofft.

'Gyda llaw, Modryb,' gofynnodd Mam gan gofio, 'wnaethoch chi ddim tisian gynnau, do?'

Sodrodd Modryb ei hun ar y gwely, a chuchio. 'Tisian? wfftiodd. 'Tisian? Fydda i BYTH yn tisian, Carwenna. Hen arferiad budr. Chwythu *germs* i bob man. Mae pobol yn dweud nad oes gynnyn nhw ddim help pan maen nhw'n tisian, ond dwi ddim yn 'u credu nhw.' Roedd Modryb yn ailddechrau mynd i hwyliau pregethu eto, ac wedi anghofio am y tro am y sŵn crafu o'r llofft chwarae. 'Os ydi rhywun yn lân ac yn daclus,' aeth yn ei blaen, 'ac yn cario hances, BOB amser heb eithriad, han-ces . . . ces . . .' Lân, oedd hi'n mynd i'w ddweud, wrth gwrs. Ond yn lle'r gair 'glân' daeth tisiad anferth o'i thrwyn a chawod yn ei sgîl, nes bod Mam yn bagio a'i chefn at y wal.

Mynnai Modryb, ar ôl estyn bocsaid mawr iawn o hancesi papur o'i ches, mai am fod yna lwch rhwng cynfasau'r gwely roedd hi wedi tisian. Mynnai hefyd nad hi oedd wedi tisian gynnau, pan oedd Mam yn y stafell ymolchi.

Derbyniodd Mam ei gair, debyg iawn. Doedd Modryb byth yn dweud celwydd.

Ond doedd Modryb byth yn tisian chwaith, nac oedd?

Trwyn glân, calon lân. Tybed, meddyliodd Mam. Tybed.

Petai Modryb heb disian pan wnaeth hi byddai Mam wedi clywed sŵn bach, fel sŵn llygoden ar ysgafn droed, yn dod i lawr y grisiau cefn o'r hen lofft chwarae ac yn sleifio heibio i ddrws llofft Modryb ac ar hyd y landin i lofft yr hogiau.

Ond pan aeth Mam i fyny i'r hen lofft chwarae ar ôl addo i Modryb y byddai'n rhoi cynfasau glân ar ei gwely ben bore trannoeth, doedd yno ddim creadur byw, na dim sŵn o fath yn y byd, dim ond sŵn y gwynt yn siffrwd rhwng yr hen barwydydd pren.

Doedd hynny'n syndod yn y byd i Mam. Y llygod wedi'i sgiatio hi, debyg. Ond pan aeth hi i lawr yn ei hôl i'r gegin o'r diwedd fe gafodd hi syndod a hanner.

Roedd y gwpanaid Horlicks wedi diflannu!

8.

Er mai dim ond mis Hydref oedd hi, roedd Huw wedi credu'n sicr cyn bore Mercher na fyddai'n colli'r un diwrnod o ysgol eleni. Credai hefyd mai fo fyddai'r un a gâi dystysgrif a *voucher £2* o wobr gan Miss Roberts am fod yn hollbresennol. I hogyn nad oedd yn cael dim ond 25c bob bore Sadwrn a phaced o jeli bebis neu jiw-jiws pan ddeuai Anti Meri i lanhau, roedd meddwl am gael gwario dwybunt ar Pic & Mix yn Woolworth yn felys dros ben.

Bu'r deieryia, pan drawodd, yn siomiant mawr felly. Dechreuodd Huw redeg tua thri o'r gloch y bore ac am hanner awr wedi saith cafodd ei fam hyd iddo'n eistedd ar y lle chwech yn gweddïo y byddai wedi gwella'n ddigon da i fedru mynd i'r ysgol erbyn naw. Roedd yn ddrwg calon ganddi drosto ac aeth ar ei hunion i chwilio am y Keoline & Morphine yn y cabinet.

'Be ddigwyddodd, d'wad? Fwytist ti rywbeth ddoe allai fod wedi effeithio ar dy stumog di?' holodd.

'Naddo,' atebodd Huw yn brudd, 'ond mi ddwedes i wrth Robat fod 'na flas od ar yr Horlicks 'na pan o'n i'n 'i yfed o.'

'Chdi yfodd yr Horlicks?' Aeth Mam yn llwyd fel lludw ac eisteddodd ar ymyl y bàth.

'Ia. Pam?'

Doedd gan Mam ddim digon o wyneb i gyfaddef am dric Hilary ond atgoffodd ei hun yn ddistaw bach y byddai'n rhaid iddi gofio tynnu'r paced *lavatives* o'r cwpwrdd sosbenni cyn i Modryb ddechrau gwneud cinio. Cofiodd yn sydyn am rywbeth arall, digon dibwys a dweud y gwir, o ystyried sefyllfa Huw druan.

'Ond mi ddwedest ti wrtha i fod Robat yn cysgu pan ddois i i'ch llofft chi tua deg, oesoedd

52

cyn i mi wneud yr Horlicks, felly sut gallat ti fod wedi dweud wrtho fo fod blas od . . .'

'Wel . . .' Tuchanodd Huw wrth deimlo pwl arall yn dŵad.

'Huw,' meddai Mam gan ysgwyd y botel ffisig yn egnïol, 'mi fyddi di wedi strejio ryw stori gymaint ryw ddiwrnod nes 'i thorri hi.'

'Mi roedd o'n cysgu pan ddaethoch chi i'r llofft, deffro wedyn wnaeth o.'

Edrychodd Mam ar Huw mewn ffordd oedd yn dangos nad oedd hi'n ei gredu, a dywedodd wrtho am agor ei geg yn fawr am lwyaid o ffisig.

Teimlai Huw fod y byd yn lle annheg iawn. Dyma fo wedi breuddwydio am ennill y *voucher* £2 i fynd i Woolworth a'i obeithion yn prysur fynd i lawr y draen. A Robat neithiwr, a rŵan ei fam, yn ei gyhuddo o ymestyn y gwir. *Roedd* o wedi arbed chwe gôl amser cinio ddoe, mwy neu lai, ac *roedd* o wedi siarad efo Robat ar ôl i'w fam fynd i lawr i wneud yr Horlicks. Ond allai o ddim dweud yr holl wir am hynny wrthi, dim ond dipyn o'r gwir. Tocio'r gwir, nid ei ymestyn.

Ond doedd waeth iddo fo heb â thaeru; fyddai ei fam ddim yn ei gredu. Byddai'n well iddo gadw ei nerth nes byddai'r ffisig yn dechrau gwneud ei waith. Cododd yn flinedig oddi ar y toilet ac ymlwybro'n araf yn ôl i'w wely.

Roedd tymer felltigedig o ddrwg ar Modryb amser brecwast. Cyn gynted â bod Dad a Robat wedi cau'r drws allan ar eu holau dechreuodd gwyno. Cwynai fod twrw'r dŵr yn cael ei dynnu yn y lle chwech wedi'i chadw'n effro am oriau gefn nos, heb sôn am y sŵn crafu dychrynllyd o'r hen stafell chwarae. Roedd Mam wedi gwneud môr a mynydd o addo Horlicks iddi'r noson cynt, ond welodd hi'r diferyn o Horlicks na dim arall. Gwarthus, wir.

Gwrandawodd Mam ar yr holl fytheirio yma heb gymaint ag agor ei cheg. Doedd ganddi ddim nerth i ffraeo. Roedd ei thric wedi methu'n llwyr a Modryb, er gwaetha'r holl gwyno, ddim mymryn nes i ffonio'r stesion i holi amserau trenau. Yn wir, ar ôl cael sawl paned o de a thair tafell o dôst, dyma hi'n cyhoeddi'i bod yn teimlo'n well, a bod arni ffansi rhoi tro ar y twll dan grisiau!

Gwyddai Mam fod baw a sbwriel blynyddoedd wedi hel yn y fan honno, a dechreuodd deimlo'n wan.

'Dim heddiw,' protestiodd, 'a Huw adre'n sâl, ac eisio mynd â Gwenan i'r cylch chwarae, a'i nôl hi wedyn. Ac mae'n rhaid i mi siopa . . .'

'Dowch yn eich blaen, Carwenna,' anogodd Modryb, gan lyfu'i gweflau ac ymestyn am ddarn arall o dôst. 'Peidiwch â bod yn *chicken!*'

'Be ydi *chicken*?' gofynnodd Gwenan.

'Cyw iâr,' meddai Mam.

54

'Neu a bod yn fwy manwl, yn y cyswllt yma, cachgi,' ychwanegodd Modryb.

'Budur,' chwarddodd Gwenan, gan wneud llygaid slei ar ei mam.

'Naci, cach*gi*, cariad,' eglurodd Mam wrthi.

Ar hynny ymddangosodd Huw yn nrws y gegin, yn wyn fel yr eira, wedi dod i nôl glasaid o Perrier. Pan welodd hi o, manteisiodd Modryb ar ei chyfle i fachu'r lle chwech a diflannodd i fyny'r grisiau gan afael yn ei thrwyn wrth basio Huw.

'Gnawes,' meddai Huw dan ei wynt. Ochneidiodd yn drwm. 'Be ydan ni'n mynd i'w wneud efo hi?'

'Mam yn mynd i llnau twll dan grisia efo hi, dwyt Mam?' ebe Gwenan.

'Ydw,' oedd yr unig beth y gallai Mam ei ddweud.

Edrychodd Huw'n graff ar ei fam wrth glywed ei hateb di-ffrwt, ac ni allai beidio â theimlo nad oedd Mam Lanaf Cymru mor frwd dros lanhau ag yr oedd echnos, ar y ffordd i nôl Modryb o'r stesion. Ond fel un a gâi lawer o'i bryfocio ei hun, roedd Huw yn deall yn rhy dda (ac yn teimlo'n rhy giami) i ddechrau tynnu ar ei fam rŵan. Câi hynny gadw at eto.

'Modryb wedi poeri am ben fi a dweud "hwch hyll!" cyn i Mam godi,' cyhoeddodd Gwenan yn sydyn wrth ei brawd.

'Y?' ebychodd Huw'n anghrediniol. 'Dydi hi ddim yn gall 'ta be!'

'Hannar call. Ia, Mam?'

Roedd Mam, beth bynnag, yn hen ddigon call i beidio â chymryd unrhyw fath o sylw o siarad mor dwp â hyn. Y ffordd orau i roi stop ar lol wirion ydi'i anwybyddu fo'n llwyr.

'A be wyt ti am wneud, Huw?' holodd hi ei mab ieuengaf yn llawn consyrn. 'Mynd yn ôl i dy wely am sbel?'

'Ia,' meddai Huw'n gwta.

Roedd ganddo waith meddwl y bore 'ma, meddwl am gynllun a fyddai'n brawychu Modryb am ei bywyd heno, heb godi gormod o ofn arno ef ei hun.

Roedd yna rywbeth i bawb yn y twll dan grisiau. Dull Modryb o'i garthu oedd sefyll yn ei ganol a'i choesau ar led yn b'ledu'r holl stwff oedd wedi ymgasglu'n fynydd uchel ynddo dros ei hysgwyddau, fel ci yn tyrchu. A dyna ble'r oedd Mam a Gwenan a Huw wrth y drws yn dal pob dim roedden nhw am ei achub ac yn sleifio â hwy i'w cadw yn y llofftydd.

Cafodd Gwenan helfa dda: hen dryc wedi colli un olwyn, babi dol heb goesau, dau gaead sosban i'w taro'n erbyn ei gilydd a rholyn o bapur papuro. Pan oedd yn cychwyn allan i chwarae efo'r tryc glaniodd hen ffrind arall

wrth ei thraed: y poti pinc! Roedd y poti pinc
wedi bod ar goll ers misoedd lawer, a Gwenan
wedi gorfod arfer brysio i'r llofft a dringo ar sêt
y lle chwech. Ond roedd hi'n falch iawn o weld
yr hen boti er hynny. Gan feddwl y gallai fod yn

handi i chwarae dal pêl ynddo ryw dro cadwodd ef yn ei chwpwrdd teganau.

Roedd Mam yn chwys lafar oherwydd yn ogystal â chadw'i phethau'i hun, roedd hi'n ceisio cadw cow ar bethau Dad hefyd. Hi a achubodd ei wedars a'i holl jig-sos a'i gasgen cwrw cartref. Ar ôl llwyddo i'w symud i ddiogelwch cymharol y llofft ffrynt daeth Mam yn ei hôl i gasglu rhai o'i thrysorau ei hun: llwyth o hen ddillad oedd ar eu ffordd i Oxfam, sychwr gwallt wedi torri a bocsaid o hen lythyrau.

Dyna pryd y gwnaeth Mam y camgymeriad mawr na ddylai *neb* ei wneud wrth glirio: eistedd ar ei phen-ôl yng nghanol y llanast a dechrau darllen. Anghofiodd am ei siomiant fod tric yr Horlicks wedi methu wrth ailfwynhau yr aroglau *take away* ar hen gardiau post ei chwaer o Hong Kong. Anghofiodd am Modryb yn ei llawenydd o ddarganfod cerdyn Nadolig gan ei hen ffrind ysgol Hilary James — anghofio hynny yw, nes i walpyn o focs cardbord mawr ei tharo ar ochr ei phen. Daeth at ei choed ar hynny, a chan hel ei phethau at ei gilydd, cychwynnodd am y llofft i'w cadw.

Ond cyn mynd cuddiodd Mam gerdyn Hilary ar silff uchaf y dresel, y tu ôl i un o'r platiau gleision. Ac wrth wneud hynny rhoddodd winc fawr ar Gwenan. Roedd gobaith eto!

Wrth droedio i fyny'r grisiau wedyn efo'r

dillad Oxfam a'r hen sychwr gwallt, cofiodd yn sydyn fel y byddai Miss Tretchy, yr athrawes Ymarfer Corff, yn arfer dweud wrth y genethod yn Bodlondeb School for Girls erstalwm: *'If at first you don't succeed, try try again.'* Oedd, meddyliodd Mam gan roi sbonc fechan, roedd o'n arwyddair ardderchog. Byddai Miss Tretchy wedi bod yn falch ohoni hi.

9.

Gwyddai Huw fod yna ddau deiar beic yn rhywle ym mherfeddion y twll dan grisiau.

Roedd ei du mewn yn dal yn reit dendar a bu'n rhaid iddo lamu i fyny'r grisiau i'r lle chwech sawl gwaith cyn i'r cloc daro deg. Pan ddaeth yn ei ôl i lawr am y trydydd tro, sylweddolodd y dylai fanteisio ar yr egwyl hon o lonyddwch mewnol i geisio cael gafael ar y ddau deiar. Doedd waeth iddo heb â disgwyl i'w fam neu'i chwaer eu hachub iddo; pawb drosto'i hun oedd hi yn yr helbul hon.

Felly cyn gynted ag y gwelodd Huw ei fam yn cychwyn am y llofft dyma fo'n rhoi'i ben i lawr, ac yn ceisio stwffio i ben draw y twll dan grisiau, heibio i Modryb. Ond roedd hi fel anferth o jac codi baw peryglus yn blocio'r fynedfa. Sylweddolodd Huw yn syth nad oedd

59

dim gobaith gwasgu heibio iddi ac felly aeth ar ei bedwar a dechrau cropian.

Pan oedd Huw wedi cyrraedd pengliniau mawreddog Modryb ac ar fin ymestyn i ben draw y twll dan grisiau am y ddau deiar, dyma'r jac codi baw yn gafael yn ei war yn sydyn ac yn rhoi fflich iddo nes ei fod yn un sbradach ar lawr y gegin fyw.

'*Keep out!*' cyhoeddodd.

Dechreuodd stumog Huw brotestio'n erbyn y fath driniaeth egr. Gwyddai fod amser yn brin.

'Eisio'r ddau deiar beic 'na,' llefodd.

'Maen nhw yn fan'ma ers o leia flwyddyn,' atebodd y jac. 'Os oeddech chi eisio nhw mi ddylech fod wedi'u cadw nhw'n sâff cyn rŵan.'

'Ro'n i'n meddwl 'u bod nhw'n sâff,' oedd ateb truenus Huw. 'Peidiwch â'u taflu nhw i'r bin. Plîs!'

'Bin,' meddai Modryb yn fuddugoliaethus, 'ydi'r lle gora iddyn nhw. Hen betha du, budur.'

Roedd yn *rhaid* i Huw fynd.

'Dwi'n mynd i ddweud wrth Mam,' achwynodd yn blentynnaidd, gan frysio ar hyd y pasej a'i goesau wedi'u croesi fel coesau mwnci rwber.

'Ewch,' anogodd Modryb, 'ac ewch â'r rhain efo chi.' A dyma hi'n lluchio pâr o slipas Sam Tân ato â'i holl nerth.

Cododd Huw nhw ac edrych yn hiraethus

arnynt. Ei hen slipas Sam Tân o! Roedd bywyd yn braf pan oedd o'n hogyn bach a'r rhain yn dal i'w ffitio. Dim Modryb. A dim deiyreia. A'r gobaith am ennill y *voucher* £2 i fynd i Woolworth yn dal i gynhesu ei galon. Syllodd am ennyd ar y llun o'i hen arwr a'i het felen lwminaidd.

Ar hynny daeth ei fam i lawr y grisiau i'w gwfwr.

'Ti'n well, pwt?' holodd o weld yr olwg syn arno.

'Nac'dw,' atebodd yn blwmp. 'Mam, plîs ewch chi i achub 'y nau deiar beic i mi? Mae Modryb yn dweud na cha i mo'nyn nhw. Hen jadan!'

'Huw!' rhybuddiodd Mam yn llym.

Ond wrth weld trowsus ei byjamas yn diflannu i ben y landin daeth pwl o drueni yn gymysg ag euogrwydd drosti. 'Paid â phoeni, cyw,' bloeddiodd arno i'r llofft, 'mi ga i dy deiars beic di'n ôl i ti mewn dau funud rŵan.'

Darganfu Mam mewn byr o dro y cymerai lawer iawn mwy na'i 'dau funud' hi i achub y ddau deiar beic. Aeth i chwilio am Modryb a chafodd hi hyd iddi ymhen hir a hwyr wrth giatiau'r tŷ a gwên serenog ar ei hwyneb: yr oedd newydd roi pumpunt i ryw lanc fynd â

61

llwyth o sbwriel o'r twll dan grisiau i'r domen byd, meddai hi.

Dennis drws nesaf oedd y llanc. Fe wyddai Mam y gwnâi hwnnw unrhyw beth, bron, am bumpunt. Craffodd ar hyd y lôn a chafodd gip ar ei fan Bedford racsiog yn diflannu rownd y tro i'r pellter. Os na fyddai Dennis wedi cael ffatsh i ffureta drwy'r bagiau duon a roes Modryb iddo (a go brin ei fod) a chadw'r teiars i'w gwerthu, yna roeddynt ar eu taith olaf rŵan — i ddymp fawr Rhos Bellaf.

Gwyddai Mam ei bod yn weddol amlwg i Huw erbyn y bore 'ma, os nad i weddill ei theulu, bod ei haddewid i fod yn Fam Lanaf Cymru yn prysur droi'n llwch. Roedd hi wedi torri'i gair oedd i fod yn sanctaidd, ac fe *wyddai* yntau hynny. O wybod hyn, allai hi fforddio torri ei hail addewid mewn wythnos a gadael i'w ddau deiar beic fynd i bydru mewn tomen byd bell? Dywedai ei phen (a'i chalon) wrthi na allai hi ddim.

Doedd ganddi ddim car. Doedd ganddi ddim ffliwjan o awydd. Doedd ganddi ddim dewis chwaith. Gofynnodd Mam i Modryb gadw golwg ar Huw a Gwenan iddi, a dechreuodd gerdded.

10.

Pan gyrhaeddodd Dad adref am bump doedd dim hanes o Mam byth! Roedd Modryb yn cael seibiant o flaen y teledu a'r twll dan grisiau'n wag, ac yn ddigon glân i chi fwyta oddi ar ei lawr.

Cyn i Dad gael cyfle i gymryd ei wynt roedd Huw wedi rhedeg ato i achwyn. Câi plant yr Hen Reithordy eu dysgu i beidio â chario straeon â chafodd ei gŵyn fawr o groeso.

'Sgiat, Huw,' meddai Dad, 'i mi gael paned.' Yna safodd yn ei unfan ac edrych o gwmpas y gegin. 'Lle mae dy fam?' gofynnodd.

'Wedi mynd i'r domen byd,' esboniodd Huw, 'i nôl 'y nheiars beic i. Dyna ro'n i'n drio'i ddweud. A Dad . . .'

'Sut aeth hi? Roedd y car gen i, doedd.'

'Cerdded.'

Amneidiodd tad Huw i gyfeiriad y gegin fyw, o ble y deuai sŵn sioe sebon Saesneg newydd i blant ar fin dechrau. 'Mae'r ddynas 'na yn effeithio ar dy fam,' cyhoeddodd.

'O, Dad,' prepiodd Huw, gan weld ei gyfle, 'mae hi'n nyts! Wyddoch chi be ddaru hi pnawn 'ma? Mi . . .'

'Na wn i,' meddai Dad mewn llais mawr, 'a does arna i ddim eisio gwybod chwaith.'

Ac ar hynny dyma fo'n taro'r tecell i ferwi ac yna'n gwneud y peth hwnnw y mae gan dadau

63

ddawn arbennig i'w wneud: estyn y papur a diffodd swits ei glustiau.

Ar ôl methu'n llwyr gyda'i dad penderfynodd Huw roi cynnig ar ei frawd.

'Dwi wedi'i chracio hi!' cyhoeddodd wrth Robat. 'Mae Modryb wedi dangos be ydi! Slebog 'sglyfaethus!'

Roedd y ddau wedi dod i fyny i'r llofft a gorweddent, y naill ar ei wely a'r llall ar hen soffa gyferbyn.

'Paid â'u malu nhw!' wfftiodd ei frawd.

Roedd Robat yn meddwl mai sgiâm oedd hyn gan Huw iddo gael osgoi gweithredu ail ran y cynllun i ddychryn Modryb am ei bywyd, cynllun Bwgan yr Hen Reithordy. Roedd ar Huw fwy o ofn bwgan na dim byd yn y byd crwn cyfan.

'Naci! Wir yr!'

A chyn i Robat gael cyfle i gymryd ei wynt, roedd Huw wedi dechrau adrodd ei stori.

'Fuodd hi'n rêl hen bits bore 'ma,' meddai. 'Daflodd hi'r teiars beic 'na oedd yn y twll dan grisia, a llwyth o drysora er'ill, jest ran sbeit. Tasa hi wedi cael plant dwi'n siŵr y basa hi wedi'u rhoi nhw yn y bin.'

'Be wnaeth hi?' gofynnodd Robat yn amheus, 'oedd mor 'sglyfaethus?'

'Wel,' aeth Huw yn ei flaen, 'ar ôl i Mam fynd

i domen Rhos Bella, mi roedd hi'n amser cinio, ac mi roedd Gwenan a finna ar lwgu. Ond doedd hi'n gwneud dim ond dal i dynnu mwy a mwy o lanast. Mi gofiodd wedyn bod *Neighbours* ar y bocs, ac mi roedd yn rhaid iddi gael sbio ar hwnnw. Roedd Gwenan jest â marw eisio mynd i'r lle chwech, ond 'd âi Modryb ddim â hi, am fod *Neighbours* mor dda. A doedd hi ddim eisio i mi fynd efo hi. Yn y diwedd dyma hi'n pi-pi yn y poti.'

'Pa boti?'

'Hen beth roedd hi wedi'i ffeindio yn y twll dan grisia.'

'O,' oedd y cwbl ddywedodd Robat.

'Gesi di byth be wnaeth Modryb ar ôl i *Neighbours* orffen?'

Ysgydwodd Robat ei ben i'r naill ochr. 'Dim clem.'

'Tywallt y pi-pi o'r poti i lawr sinc y gegin 'te,' meddai Huw gan dynnu tirsiau, 'ac wedyn gwneud sandwij i ni, heb olchi'i dwylo. Afiach!'

'Ti'n dweud celwydd,' meddai Robat.

'Nac'dw, wir rŵan!'

'Wyt, tad.'

Aeth Huw ar ei union i'r parlwr i nôl Gwenan a'i llusgo i'r llofft at Robat.

'Be wnaeth Modryb amser cinio? Wyt ti'n cofio?'

'Cha'th fi ddim cinio,' atebodd Gwenan, 'dim ond crips.'

'Naddo, siŵr. Ond be wnaeth hi ar ôl i ti bi-pi yn y poti? Ti'n cofio?'

'Dwi ddim yn pi-pi yn poti,' mynnodd Gwenan. 'Dwi'n hogan fawr.'

'Wyt,' cytunodd Huw, gan ymdrechu'n galed i fod yn glên, 'ond mi wnest ti amser cinio, do? Am fod Modryb yn cau mynd â chdi i'r lle chwech 'te? A be ddigwyddodd wedyn?'

'Dwi ddim yn pi-pi yn y poti,' mynnodd Gwenan wedyn. 'Dwi'n hogan fawr.'

'Dydi plant oed Gwenan ddim yn medru dweud celwydd, 'sti,' meddai Robat yn bwysig, gan gofio geiriau'i dad y noson cynt.

'Wel, mae hon,' mynnodd Huw. 'Dwi'n dweud y gwir, Robat.' Ymestynnodd ei freichiau a'i ddwylo a gofyn yn ddiniwed: 'Pam ddylwn i ddweud celwydd?'

'Ti'n casáu gyts Modryb, dwyt,' atebodd ei frawd. 'A ti eisio osgoi mynd i godi ofn arni heno.'

Yn sydyn difarai Huw iddo fynnu ei fod wedi arbed chwe gôl amser cinio'r diwrnod cynt. Dyma fo Robat yn gwrthod ei gredu a Gwenan yn dda-i-ddim. Beth wnâi o rŵan? Roedd ei dad wedi gwrthod gwrando'n barod. Mam oedd ei unig obaith. Ond yna daeth geiriau ei fam yn y stafell ymolchi y bore hwnnw'n ôl i'w gof: 'Ryw ddiwrnod, Huw, mi fyddi di wedi strejio ryw stori gymaint nes 'i thorri hi'.

Roedd hi'n edrych yn ddu iawn arno.

'Wyt ti wedi meddwl am rywbeth i ddychryn Modryb heno?' heriodd Robat, gan dorri ar draws ei feddyliau. 'Naddo, m'wn.'

'O, do,' atebodd Huw yn dawel. 'Mi fydd hi wedi dychryn cymaint nes bydd gwallt 'i phen hi'n sefyll i fyny'n sdrêt fel tasa hi wedi rhoi *gel* ynddo. Mi fydd arni gymaint o ofn, mi fydd rhaid iddi gael cysgu yn y canol rhwng Mam a Dad.'

Dath bloedd sydyn o waelod y grisiau.

'Dwi'n mynd i chwilio am eich mam.'

'A fi dŵad,' gwichiodd Gwenan, gan redeg i lawr at ei thad.

Trodd Robat ac edrych i fyw llygaid ei frawd.

'Sandwij be oedd hi?' gofynnodd yn graff.

'Dwi ddim yn gwybod,' atebodd Huw, gan estyn siswrn o'r cwpwrdd a dechrau ymosod yn ffyrnig ar ei hen slipas Sam Tân. 'Gofyn i ci drws nesa.'

Clywodd Dad a Gwenan aroglau Mam ymhell cyn iddynt ei gweld. Roedden nhw wedi gadael y car ar ben y lôn gul a arweiniai at y dymp rhag i lori ludw ddod i'w cwfwr ac iddynt orfod bagio. Cariai Dad Gwenan ar ei ysgwyddau, ac yn sydyn dyma'r drewdod mwyaf difrifol yn llenwi'u ffroenau.

'Ych a fi,' gwaeddodd Gwenan, 'dafad wedi marw!'

Ond Mam ddaeth rownd y tro, yn faw ac yn fwd am y gwelech chi, a dau deiar beic rhacs yn crogi am ei gwddw.

'Be ddigwyddodd i fam Lanaf Cymru?' gofynnodd Dad gan fagio rhag ofn iddi afael ynddo.

'Dwi eisio mynd adre,' llefodd Mam, fel hogan fach. 'Dos â fi adre, plîs!'

Gorfododd Dad Mam i dynnu'i dillad i gyd a gwisgo hen siwmper bysgota iddo fo, ac yna fe'i gosododd yng nghefn yr estêt, fel ci, rhag i'r holl gar fynd i ddrewi. Ond doedd Mam ddim yn malio; yr unig beth roedd arni'i eisiau oedd cael mynd i'r bàth, ac wedyn i'w gwely.

'Ti'n rhy wirion, Cari bach, yn trio plesio pawb,' ceryddodd Dad gan refio'r injan i'r pen. Roedd aroglau petrol yn well nag aroglau dynes ddrewllyd. 'Pam na fasat ti wedi rhoi dy droed i lawr efo Modryb? Pam na fasat ti wedi gyrru Huw i nôl 'i deiars 'i hun?' Meddyliodd am funud ac yna ychwanegodd dros ei ysgwydd: 'Pam gebyst na fasat ti wedi picio i Beiciau Berwyn i nôl dau deiar newydd?'

Roedd Mam wedi gofyn y cwestiynau hyn iddi'i hun sawl gwaith yn ystod y dydd hefyd, wrth browla drwy'r holl rwtjmipwtj yn y domen. A doedd yna'r un ateb. Un fel'na oedd hi, wedi'i magu i fod yn ufudd wrth ei hen ddraig o fodryb, ac yn methu peidio â bod yn wirion o deg efo'i phlant. Roedd 'na obaith y byddai Robat a Huw a Gwenan yn tyfu i fod yn bobl ddymunol, gweddol lân a gweddol gall, ond roedd Modryb yn achos cwbl anobeithiol. Gwyddai Mam yn mêr ei hesgyrn na fyddai ganddi hi byth ddigon o nerth i droi tu min a dangos y drws iddi — dim ond chwarae pwt o dric i geisio cael ei gwared.

Roedd y tric oedd ganddi at heno'n ddiniwed yn ei ffordd, hefyd, meddyliodd wrth edrych ar ei dillad isaf yn un tocyn bach wrth ei hymyl. Ond fe allai fod yn ddeifiol o effeithiol.

'Mi wnaeth Modryb dywallt 'mhi-pi fi o'r poti i lawr sinc, a gwneud brechdan wedyn, heb 'molchi,' cyhoeddodd Gwenan yn sydyn.

'Paid â dweud!' ebychodd Mam, gan gofio fel roedd Dad wedi'i hatgoffa na all plant dwy a hanner oed ddweud celwydd.

'Dim fi sy'n dweud, Huw sy'n dweud,' ychwanegodd Gwenan wedyn.

'O,' meddai Mam yn brudd. Ochneidiodd. Roedd hi'n adnabod Huw yn dda iawn ac roedd ganddo reswm campus dros fod eisiau pardduo Modryb.

Biti, meddyliodd Mam wedyn, wrth i'w dychymyg ailafael yng nghynllun rhif dau, feddylies i 'rioed y baswn ni'n disgyn mor isel â dwyn staes hen ddynes ar 'i phensiwn. Ond dyna fo, doedd dim dewis. Roedd Mam yn gwbl bendant bellach fod yn rhaid torri crib Modryb, ac allai hi feddwl am yr un ffordd well i wneud hynny na thrwy ddwyn ei *all in one,* fel roedd Hilary wedi dwyn un Miss Parsons yn Bodlondeb School for Girls ers llawer dydd.

11.

'Dwi'n mynd i gael bàth,' cyhoeddodd Modryb ar ôl swper yr un noson.

'Ond mi rydach chi newydd gael bàth ar ôl te,' meddai Dad. 'Ac mi gawsoch un *cyn* te.'

'Do,' meddai Modryb, 'a dwi'n mynd i gael un arall. Mi fydda i bob amser yn cael bàth ar ôl golchi letys. Hen betha budur.'

Biti na fasa hi ar ddeiet, meddyliodd Robat. Mi fasa'n cael bàth mor aml fasa 'na ddim byd ohoni hi ar ôl.

'Dydi Modryb ddim yn gall,' meddai Gwenan yn sydyn a gwenu.

'Gyrbiban bach bowld!' sgrechiodd Modryb dros bob man, gan godi'r botel *salad cream* a'i hysgwyd yng ngwep Gwenan.

Aeth Mam yn annifyr o binc drosti, a symudai ei cheg fel twll botwm aflonydd. 'Hogan ddrwg iawn, iawn,' meddai o'r diwedd. 'Dweud sorri.'

Teyrnasai tawelwch dros y gegin ac roedd pawb yn llonydd, llonydd, Syllai'r hogiau ar

Modryb. Roedd ei hwyneb hi'n wyn fel blawd a'i llygaid fel cyraints bach caled.

'Sgwriwch 'i thafod hi efo Brillo,' gorchmynnodd yn gïaidd. 'Setlith hynny hi.'

'Gwenan.' Llais Mam, ond prin y gellid ei 'nabod gan mor oer a dieithr oedd o.

'Hogan Nain Ddôl,' ebe Gwenan, gan edrych i fyw llygaid ei mam. 'Bob tama'd.'

'Dos i dy lofft y munud 'ma,' cyfarthodd Mam gan gochi at fonion ei chlustiau. 'A gad y ciwcymber 'na lle mae o.'

'Plant ydi plant,' cynigiodd Dad, i dawelu'r dyfroedd. 'Dim ond dwy a hanner ydi hi.'

'Digon hen i gael chwip din.'

'Ond dim digon hen i ddweud celwydd,' meddai Robat wrth ei dad, dan ei wynt.

Gwyliodd Modryb gefn sorllyd Gwenan yn sodro mynd ar hyd y pasej i gyfeiriad y grisiau. Pan oedd hi'n fodlon ei bod hi wedi mynd o'r golwg, trodd yn ei hôl, a gofyn i Mam, fel petai dim oll wedi digwydd:

'Sgwrioch chi'r bàth yn drwyadl ar ôl bod ynddo fo, Carwenna? Ar ôl bod yn ymdrybaeddu yn y lle aflan 'na?'

'Do,' meddai Mam. 'Flash, Dettol, Ajax a Jif.'

'Jif, wir,' wfftiodd Modryb. 'Chemico ydi'r stwff gora o ddigon. Mae gen i beth yn fy nghês, wrth lwc.'

Ac ar hynny dyma hi'n codi ac yn martsio am y llofft.

'O, be wnawn ni!' ochneidiodd Mam, gan roi ei phen ar y bwrdd. Roedd hi bron â chyrraedd pen ei thennyn. Rhoesai'r gorau erbyn heno i gymryd arni fod ganddi unrhyw ffeuen o ddiddordeb mewn bod yn Fam Lanaf Cymru. Doedd ganddi mo'r nerth i ddal ati, ar ôl diwrnod caled yn nhomen byd Rhos Bellaf a'r helynt rŵan gyda Gwenan. 'Dim ond nos Fercher ydi byth,' ebe hi'n wantan. 'Wythnos hira 'mywyd i! Dwi'n siŵr nad oedd hi ddim cyn waethed â hyn erstalwm.'

'O, oedd,' atgoffodd Dad hi. 'Mi gafodd afael yn dy ffrog briodas di a'i golchi'r noson cyn y Diwrnod Mawr. Ti ddim yn cofio?'

'Cofio?' adleisiodd Mam yn chwerw. 'Ac mi gadawodd hi ar y lein dros nos! Dwi'n siŵr mai dyna sut ces i niwmonia ar ein mis mêl.'

Doedd gan Huw ddim diddordeb mewn atgofion am gampau glanhau Modryb yn y gorffennol. Y presennol oedd yn bwysig iddo fo. Heno. Rŵan. Ei gynllun.

'Dwi'n mynd i'r llofft i wneud fy ngwaith cartre,' cyhoeddodd.

'Ond fuest ti ddim yn yr ysgol i gael dim,' meddai Mam yn syn.

'Prosiect,' ebe Huw ac i ffwrdd â fo, gan fachu'r pot glud oddi ar y silff wrth fynd.

Roedd o'n dal i deimlo'n flin wrth ei fam. Doedd hi ddim wedi credu'i stori am Modryb a'r poti a'r sandwij chwaith.

73

'Prosiect, myn bwgan i,' meddai Mam gan ysgwyd ei phen.

Wrth gerdded heibio i ddrws y stafell ymolchi ar y ffordd i'w lofft clywodd Huw sŵn dŵr mawr, fel sŵn rhaeadr ar ôl glaw trwm. Cymerodd yn ganiataol mai Modryb oedd yn cymryd cawod i gael gwared o fudreddi'r letys cyn bathio, a brysiodd yn ei flaen a'r pot glud yn ei law. Roedd yr amser wedi dod iddo weithredu ei gynllun — cynllun a fyddai'n codi'r fath fraw ar Modryb fel y byddai'n pacio'i chês ac yn rhuthro'n ei hôl i ganol budreddi Lerpwl.

Ddau funud yn ddiweddarach, cafodd Robat hyd i'w frawd yn eistedd fel teiliwr ar lawr y llofft gyda siswrn yn un llaw a gweddillion ei slipas Sam Tân yn y llall.

'Be wyt ti'n wneud?' holodd ef.

Roedd Huw wedi torri'r ddwy het felen o'r slipas ac wrthi'n ofalus yn sticio tameidiau o ffelt du yn eu canol. Wrth gwblhau'r dasg yn awr teimlai fod dyddiau braf, diniwed 'bod yn hogyn bach' wedi mynd yn gareiau i ganlyn y slipas. Roedd o'n wynebu ar dreialon bywyd bellach.

'Diffodd y gola am funud,' gorchmynnodd.

Gwnaeth Robat hynny, a phan drodd rownd

gwelodd ddau lygaid melyn dychrynllyd yn serennu arno o'r tywyllwch.

'Asiffeta!' ebychodd, yn yr un llais yn union â Mr Picton ei hun.

'Da 'te,' canmolodd Huw. 'Dwi am 'u sticio nhw ar y cyrtans yn 'i llofft hi. Fyddan nhw ddim yn dangos pan fydd y gola 'mlaen, am mai cyrtans melyn ydyn nhw, ond y funud y diffoddith hi'r gola. Waaa!'

'A pryd wyt ti'n mynd i'w tynnu nhw i ffwrdd?' gofynnodd Robat. 'Fiw i Dad na Mam 'u ffeindio nhw, neu mi fydd dy groen di ar y pared.'

'Pan fyddan nhw wedi mynd i'w danfon hi i'r stesion 'te,' oedd ateb hyderus ei frawd.

Ar ôl gwrando i wneud yn siŵr fod Modryb yn dal yn ddiogel yn y bàth, mân gamodd Huw ar draws y landin i'w llofft, a'r ddau lygad brawychus ynghudd yn ei law. Roedd Robat wedi mynd i lawr i gadw'i dad a'i fam yn brysur, a Gwenan yn cysgu o'r diwedd ar ôl strancio am hanner awr a mwy.

Roedd llofft Modryb yn dywyllwch dudew. Y peth cyntaf i drawo Huw pan gripiodd i mewn yn nhraed ei sanau oedd yr aroglau Shake & Vac cryf a godai o'r carped pinc a'r aroglau cŵyr ar y dodrefn gwyn plastig. Anelodd am y llenni, a chan ymestyn ar flaenau'i draed

75

gosododd y ddau lygad yn daclus wrth ochrau'i gilydd. Roedd ar fin bagio'n ôl i edmygu eu heffaith farwol pan glywodd sŵn traed solet ar y landin. Nid Dad na Mam. Nid Gwenan na Robat. Mae'n rhaid mai Modryb oedd yna!

Mewn eiliad sylweddolodd y byddai'n rhaid iddo ymguddio. A doedd dim ond un lle amdani — y cwpwrdd wal mawr lle cadwai Mam ddillad gaeaf y teulu. Agorodd y drws yn dawel a sleifio i mewn i ganol y dillad oedd yn drwm gan aroglau *mothballs*. Cropiodd i'r pen pellaf gan swatio y tu ôl i'r hen ffrogiau a chotiau a grogai ar y bachau. Ar hynny clywodd ddrws y llofft yn agor a Modryb yn goleuo'r lamp fach wrth ymyl ei gwely.

'Reit,' clywodd hi'n mwmian o dan ei gwynt, 'siawns nad ydi'r bàth 'na'n ddigon glân bellach.'

Doedd hi ddim wedi cael bàth, felly. Wedi bod yn ei lanhau yr oedd hi am yr hanner awr ddiwethaf!

Gallai Huw ei glywed ei hun yn poethi ac yn dechrau chwysu. Roedd natur clawstroffobia ynddo ac ni allai oddef meddwl am orfod cuddio'n hir yn y cwpwrdd clòs, tywyll hwn. Beth pe bai yna rywbeth arall yn llechu rhwng yr hen gotiau a'r sgarffiau? Beth pe bai yma ysbryd? Ysbryd yr Hen Reithordy? Ceisiodd reoli'r cryndod oedd yn bygwth gafael ynddo fel y grepach.

Dechreuodd ofn gwirioneddol gerdded Huw wrth ddychmygu y gallai fod yn rhannu cwpwrdd â hen gorff o'r gorffennol, a bu bron iddo sgrechian pan deimlodd rywbeth blewog, meddal yn disgyn oddi ar y silff uwch ei ben. Brathodd gefn ei law yn galed i'w ddal ei hun rhag gweiddi'n uchel a gorfododd ei hun i gyffwrdd yn y 'peth' cynnes, esmwyth a oedd wedi glanio ar ei fraich. Maneg oedd hi, hen faneg ffwr fawr ddu ei fam. Diflannodd ei ofn am funud, ac anwesodd hi fel pe bai'n gath fwythus.

Gallai glywed sŵn Modryb yn tynnu oddi amdani rŵan. Sŵn sip ei ffrog nefi blŵ'n cael ei agor, a'r ffrog yn cael ei hongian ar hanger metel. Sŵn siffrwd pais yn cael ei chodi dros ei phen. Tinc ei chlustdlysau'n cael eu gosod wrth ymyl ei gilydd ar y bwrdd glàs a chlep ei chas sbectol wrth iddi gau'i gwydrau ynddo am y noson. Suddodd calon Huw wrth iddo sylweddoli na fyddai hi'n debygol o weld y llygaid tryloyw ar y llenni heb ei sbectol.

Yna ni chlywid dim ond sŵn padian traed noeth wrth i Modryb droi i estyn ei gŵn nos oddi ar fachyn ar gefn y drws, a sisial ei llaw yn troi cornel dillad y gwely, a'u fflatio, fel petai hi mewn hotel. Aeth draw at y ffenest wedyn, a thynnu'r llenni melyn, blodeuog ar hyd y

77

rheiliau. Ond dim gwaedd. Dim sgrech. Un ai doedd Modryb ddim yn gweld neu doedd y llygaid ddim yn disgleirio'n ddigon dychrynllyd yng ngolau'r lamp. P'run tybed?

Yn sydyn, er mawr fraw i Huw, rhwygwyd drws yr hen gwpwrdd wal yn agored. Teimlai golau'r lamp fel llifolau llachar ar ôl tywyllwch y cwpwrdd a llenwodd llais Modryb ei glustiau fel dwndwr taran ar ddiwrnod tawel.

'Lle mae'r hogan Carwenna 'na wedi rhoi fy llian i?' rhuodd gan dyrchu drwy'r tomennydd dillad ar silff ucha'r cwpwrdd.

Aeth Huw yn un talp o ofn gwan yn awr wrth sywleddoli y gallai Modryb ddod o hyd iddo'n llercian yno. Beth pe bai hi'n cael ei dwylo cras arno, a'i fam a'i dad yn rhy bell i glywed ei grio? Roedd o wedi ceisio achwyn amdani wrth ei dad, ac wedyn wrth ei fam cyn swper. Beth pe bai hi wedi'i glywed dros arwyddgan *Neighbours,* ac wedi penderfynu cadw'n ddistaw bryd hynny ac aros am ei chyfle? Roedd yr helynt gyda Gwenan gynnau wedi profi mor greulon o arw ei thafod oedd Modryb, a'r ffling a gawsai o o'r twll dan grisiau yn brawf sicr o'i nerth. Ond oedd hi'n un ddialgar hefyd? Parodd y cwestiwn hwn i galon Huw ddechrau pwyo'n gyflym. Ac roedd Modryb yn dal i ffureta. Anwesodd Huw y faneg ffwr yn ei

78

law a dal ei wynt. Roedd o ar fin cael ei
ddarganfod a disgyn i grafangau Modryb.

Ond yna, fel y digwydd yn aml ar yr unfed
awr ar ddeg, cafodd y bachgen syniad gwych fel
anrheg o'r nef. Mor dawel â llygoden, sleifiodd
ei fysedd tenau fesul un i'r hen faneg ffwr, a
chaeodd ei ddwrn ac ymestyn y cyhyrau. Dim
ond hogyn bach ofnus, crynedig allai fod wedi
dychmygu am chwarae tric mor greulon o
frawychus ar hen wraig. Yn y gwyll,
ymestynnodd y faneg flewog o ganol y cotiau
a'r ffrogiau a gafael yn dyner, dyner yn llaw
Modryb.

12.

Yr oedd sgrech Modryb mor ofnadwy pan afaelodd y llaw flewog, feddal yn ei llaw hi fel y fferrodd Dad a Mam yn eu cadeiriau cyfforddus yn y parlwr. Deffrôdd Gwenan a dechrau hornio crio. Syrthiodd Robat yn glewt ar lawr oddi ar y bync uchaf. A daliodd Huw ei wynt.

Heb aros i edrych beth allai fod wedi'i dychryn mor arw, trodd Modryb ar ei sawdl a charlamu ar hyd y landin ac i lawr y grisiau fel petai cŵn y fall ar ei hôl.

'*Oh my God! Help! A ghost!*'

Arhosodd Huw yn ei guddfan y tu ôl i'r ffrogiau a'r sgarffiau yn y cwpwrdd dillad nes iddo glywed sŵn traed mawr Modryb yn glanio ar ris isaf y grisiau. Yna daeth allan o'r cwpwrdd a strejio'n braf, fel cath ar ôl bod yn cysgu. Cuddiodd y faneg o dan lwyth o drowsusau ac yna trodd a chychwyn o dow i dow yn ôl am ei lofft.

Petai o wedi trafferth cymryd un cipolwg cyn gadael stafell Modryb, byddai wedi gweld dau lygad melyn gloyw yn sgleinio arno yn yr hanner tywyllwch, a byddai wedi ymorol am eu tynnu. Ond edrychodd o ddim, a daliodd y llygaid i befrio.

Cyn bod Huw hanner y ffordd ar draws y landin clywodd sŵn Mam a Modryb yn ffwtwocio ar hyd y pasej, ac yna'n troi i ddringo'r grisiau.

'Chi sy'n dychmygu, Modryb,' clywai ei fam yn mynnu. 'Wedi gorflino rydach chi. Mi ddo efo chi i gael gweld rŵan, dim ond setlo Gwenan.'

'Carwenna, *I am telling you, there was a hand,*' mynnai Modryb yn hysteraidd. '*A big furry hand.*'

'Twt lol botes maip,' wfftiodd Mam a dim ond y mymryn lleiaf o gryndod yn ei llais — dim ond digon i ddangos fod ofn arni hithau hefyd.

Wrth glywed sŵn llais ei fam yn dynesu sylweddolodd Huw nad oedd gobaith iddo gyrraedd ei lofft cyn i'r merched gyrraedd pen y landin. Nid oedd fiw iddo fynd yn ei ôl i'r cwpwrdd yn llofft Modryb; byddent yn sicr o archwilio'r fan honno'n drwyadl. Os âi i lofft Gwenan, byddai honno'n siŵr o achwyn. Rhoddodd dro sydyn yn nrws y stafell ymolchi. Roedd o wedi'i gloi. Robat.

Daliai'r lleisiau i ddod yn nes ac yn nes bob eiliad. Doedd dim ond un lle amdani — dim ond un guddfan bosibl ar y landin hir. Y cwpwrdd eirio. Er gwaethaf ei natur glawstroffobaidd, dringodd Huw i gwpwrdd tywyll, clòs am yr ail waith y noson honno, a chau'r drws arno'i hun.

'Edrychwch rŵan,' meddai Mam, gan ddal drws y cwpwrdd dillad yn llydan agored a chwifio'i llaw o gwmpas ynddo'n ddewr. 'Dim byd ond hen ddillad gaeaf.'

'Hm,' meddai Modryb yn bwdlyd. 'Sbwriel.'

'Mae'n siŵr mai'r hen gôt llyfiad llo 'na drawodd yn erbyn eich llaw chi,' esboniodd Mam wedyn. 'Ewch i lawr at Emyr rŵan, Modryb. Mi fydd eich Horlicks chi'n barod mewn dau funud.'

A dyma hi'n dechrau gwthio Modryb yn araf, ddi-droi'n-ôl i gyfeiriad y drws.

'Horlicks, wir,' cwynodd Modryb. 'Taflu llwch i lygaid hen ddynes. Ydach chi'n meddwl 'mod i'n wirion neu rywbeth?'

'Mi ga i un golwg iawn eto,' addawodd Mam, gan ddal y drws yn agored i Modryb, 'jest rhag ofn. Iawn?'

'Dydw i ddim yn cysgu yn fan'ma heno,' cyhoeddodd Modryb ar dop ei llais cyn ymadael. 'Mi gewch *chi* ddŵad yma i edrych sut fyddwch chi'n licio cael rhyw bawen flewog yn gafael ynoch chi gefn nos, Carwenna.'

Chwarddodd Mam yn uchel fel petai hynny'n anfarwol o ddigri — i geisio cuddio'i hofn. Doedd hi ddim ar fwriad gildio ei gwely braf na'i chwilt na'i pheiriant-gwneud-te i Modryb. Gyda lwc, fyddai dim angen gwely yn yr Hen Reithordy ar Modryb heno.

Taflodd Mam gipolwg slei ar ei wats. Dim

ond newydd droi naw yr oedd hi, sylwodd, a doedd y trên olaf i Lerpwl ddim yn gadael am awr arall. Gallai llawer o bethau ddigwydd mewn awr. Roedd awr yn hen ddigon o amser i rywun bacio'i chês.

Ac yna gwelodd Mam rywbeth a barodd i'w chalon guro'n gyflymach — rhywbeth nad oedd yr un dyn byw wedi'i weld mewn cyfnod hir o hanner can mlynedd — staes Modryb ar y gadair!

If at first you don't succeed . . .

Mewn llai nag eiliad roedd Mam wedi bachu'r staes. Yn yr hen gwpwrdd dillad roedd hi wedi bwriadu'i guddio, ond allai hi ddim rŵan ar ôl saga'r llaw flewog. Penderfynodd fynd â fo i lawr i'r gegin a'i losgi, i gythraul, yn yr hen stof Aga. Doedd Mam ddim wedi meddwl yn ddigon clir i resymu sut yn union y byddai'r weithred hon yn peri i Modryb fod yn awyddus i ddal y trên olaf i Lerpwl; yr unig deimlad yn ei chalon oedd bod arni eisiau talu'n ôl iddi am yr holl ddiflastod a chur calon yr oedd wedi achosi iddi hi yr wythnos hon, ac yn wir, am gyfnod helaeth o'i bywyd.

Ar ôl cuddio'r staes yn ddiogel dan ei siwmper, diffoddodd Mam y lamp ymyl-gwely a'r golau mawr. Trodd i gymryd un cipolwg herfeiddiol olaf ar y llofft lle'r honnai Modryb iddi gael y fath fraw — a bu bron iddi neidio o'i dillad. Yn y düwch draw wrth y ffenest disgleiriai dau lygad melyn arallfydol arni!

Roedd Mam hanner y ffordd ar draws y landin, a'i sgrech yn diasbedain dros y tŷ pan

sylweddolodd fod ganddi fol mawr o'i blaen, fel petai'n disgwyl babi. Mewn chwinciad chwannen agorodd ddrws y cwpwrdd eirio a rhoi ffling i'r staes i'w ben pellaf.

Bowndiodd Dad a Modryb i fyny'r grisiau.

'O Emyr,' llefodd Mam, 'mae 'na rywbeth ofnadwy yn llofft Modryb. Rhywbeth blewog, efo crafanga a llygaid mawr melyn fath â chanhwylla trydan!'

'Bobol annwyl,' meddai Dad.

Erbyn hyn roedd Robat wedi dod o'r stafell ymolchi a gwrandawodd yn syfrdan ar ei fam, a Modryb, yn disgrifio'r erchyllbeth oedd wedi dod i darfu ar heddwch yr Hen Reithordy. Gwyddai beth oedd y llygaid. Ond pwy oedd perchen y grafanc ddu, ddychrynllyd?

'Dowch i ni gael gweld,' meddai Dad, fel arwr o ffilm, a dyma fo'n brasgamu'n gawr i gyd am lofft Modryb. Dilynodd Mam a Modryb a Robat fel ciw am tsips.

'Dim byd, wrth gwrs,' meddai Dad, ar ôl rhoi'r golau mawr ymlaen. 'Dim affliw o ddim byd.'

Aeth Dad ati i wneud sbort am bennau'r merched wedyn drwy fynd ar ei bedwar i graffu dan y gwely (pryd y bachodd Robat ei gyfle i dynnu'r ddau 'lygad' oddi ar y llenni), ac yna galw 'Www, lle'r ydach chi?' ar y bwgan.

Manteisiodd Huw ar yr un cyfle hefyd i ddianc o'r cwpwrdd eirio crasboeth i'w lofft, a staes Modryb dan ei gesail.

Ar ganol yr holl helynt, canodd y ffôn.

Am ryw reswm doedd Modryb ddim yn or-hoff o'r ffôn. Bob tro y canai ffôn yr Hen Reithordy byddai'n gwelwi ac yn edrych yn nerfus. Doedd Mam ddim mewn cyflwr i siarad gyda neb erbyn hyn ond ei theulu agosaf, ac roedd Dad wedi'i wedjio'n sownd o dan yr hen wely springs yn llofft Modryb.

Drriing! Drriing!

Rhedodd Robat i lawr i'r parlwr ond pan oedd hanner y ffordd, clywodd lais bach main yn dweud:

'Helô, Gwenan sy 'ma.'

Llamodd i lawr y pedair gris olaf a cheisio cymryd y ffôn oddi ar ei chwaer fach, ond daliai hi ei gafael fel gelen.

'Mam ddim yma,' dywedodd, ac yna 'Dad ddim yma'. Ac yna cyn i Robat gael cyfle i redeg i'r cefn a chodi'r ffôn arall clywodd hi'n dweud: 'Ta-ra'.

'Pam na fasat ti'n rhoi'r ffôn i mi?' gwaeddodd ar ei chwaer fach o'r pasej. Ymddangosodd ei ben yn nrws y parlwr. 'Pwy oedd 'na?'

'Mowenna Me Wbath,' meddai Gwenan yn araf.

'Pwy gebyst ydi honno?' gofynnodd Robat yn flin. 'Ella'i bod hi'n rhywun pwysig.'

'Susnag,' meddai Gwenan, gan roi'r ffôn yn ôl yn ei grud yn ofalus a throi i wynebu'i brawd. 'Dyn Susnag.'

'Paid â rwdlian,' meddai Robat, 'dim efo enw fel'na.'

Ond roedd Gwenan yn benderfynol. 'Dyn Susnag,' ebe hi wedyn. 'Mowenna Me Wbath.'

Anobeithiodd Robat y câi unrhyw synnwyr o ben ei chwaer a dringodd yn ei ôl i'r llofft. Allai o ddim peidio â chredu nad oedd llyfr meddygol ei dad yn methu: mae'n *rhaid* fod rhai plant yn dysgu dweud celwydd yn gynt na'i gilydd, fel roedd rhai'n cerdded yn gynt na'i gilydd, ac eraill yn siarad yn gynt na'i gilydd. Ac yn ddiau, roedd Gwenan yn brawf byw fod ambell blentyn dwy a hanner yn medru stribedu celwydd fel sosej.

Yn y llofft disgwyliai Huw am Robat i gael trafod anturiaethau'r noson. Ond wrth weld golwg reit flin ar ei frawd dyma fo'n gofyn.

'Ti'n iawn?'

'Cfeisus,' meddai Robat yn benisel wrth Wali gan ddringo i'w fync. 'Does 'na ddim golwg fod yr hen grimpan yn mynd i fynd eto heno.'

Yna gwelodd Robat rywbeth gwyn sidanaidd yn gorwedd ar ei gwilt. 'Be ydi hwn?' holodd ei frawd.

'Dwn i ddim,' atebodd Huw, 'dweud ti wrtha i. Rhywbeth daflodd Mam i'r cwpwrdd eirio gynna.'

Cododd Robat y dilledyn a'i anwesu. Roedd o'n glaerwyn ac yn esmwyth; mae'n rhaid mai o ddefnydd fel hyn roedd ffrog briodas Mam wedi'i gwneud erstalwm, meddyliodd. Trodd y wisg y tu chwyneb allan i'w harchwilio ac yna daliodd hi i fyny o'i flaen. A sylweddolodd yn sydyn mai staes oedd o. Staes. Ych a fi! Ond staes pwy? Doedd Mam byth yn gwisgo'r un. Taflodd ef i draed y gwely.

Ond yna, trawyd ei lygad gan rywbeth. Ar ymyl y staes, ar y tu mewn, roedd stribyn bach tenau o ddefnydd coch, a sgrifen ddu arno.

88

Cododd Robat y staes efo bys a bawd a chraffu ar y sgrifen yn y llwydolau. Dyna pryd y gwelodd yr enw: Morwenna Mai Prydderch.

13.

Cyn bod y wawr wedi glasu fore trannoeth, canodd ffôn yr Hen Reithordy. Yr oedd Modryb wedi cymryd tair tabled gysgu, ac ni fyddai galwad y corn gwlad yn nhwll ei chlust wedi'i deffro. Cysgai Dad a Mam yn drwm hefyd ar ôl cynyrfiadau'r noson cynt. Ac yr oedd Robat a Huw yn rhy ddiog i shifftio. Ond dringodd Gwenan o'i gwely a rhedeg i lawr y grisiau.

Roedd Robat wedi claddu'i ben dan y gobennydd i geisio boddi swnian y ffôn ond roedd wedi deffro drwyddo, a doedd dim modd ailgysgu. Trodd ar ei gefn toc, a syllu ar y poster o *C'mon Midffîld* uwch ei ben. Sisialodd yr arwyddgan dan ei wynt, gan feddwl fod ei gartre mor wallgof bob tamaid â Bryn Coch: Dy ry dy dydy dy dy ry dydy dy, dy ry ry dy dy ry dy ry dy ry . . .

'Fobat,' meddai llais bach main toc.

Cododd ei ben i sbio. Safai Gwenan o'i flaen yn ei choban Mickey Mouse. Gorweddodd yn ei ôl a chau ei lygaid.

'Welist ti mo'r arwydd ar y drws?' gofynnodd yn flin. 'Dim plant.'

'Mowenna Me Wbath ar ffôn eto,' cyhoeddodd ei chwaer fach. 'Dyn Susnag ydi o.'

A dyma Robat yn taro cipolwg ar y staes wrth draed ei wely ac yn ei gicio'i hun yn dawel am fod yn rhy ddiog i godi.

Cododd rŵan ac ar ôl plygu'r staes yn dwt gosododd o dan drwyn ei frawd bach, a oedd yn dal i chwyrnu.

'Be gym'ri di,' gofynnodd i Gwenan wedyn, gan sglefrio i'w drowsus. 'Coco Pops?'

'Ia, plîs.'

'Gei di rai 'te,' meddai Robat, gan sefyll o'i blaen a phwyntio efo'i fys yn ddifrifol, 'gei di lot fawr, dim ond iti beidio â dweud wrth Dad a Mam pwy oedd ar y ffôn. Iawn?'

'Iawn,' meddai hi'n glên dros ben.

Trodd Robat ar ei sawdl a chychwyn ar hyd y landin am y grisiau gan gau botymau'i grys yr un pryd. Ar ei wyneb yr oedd gwên enfawr. Roedd ganddo afael ar Modryb rŵan, on'd oedd; roedd o'n gwybod fod rhyw ddyn—Sais — bron â marw eisiau cael gafael arni. Pwy oedd o, tybed? Cymydog? Y dyn hel rhent? Cariad? Gwyddai Robat y byddai Modryb mor ddof ag oen llywaeth unwaith y byddai hi'n gwybod ei fod o'n gwybod ei chyfrinach. Ac nid oedd am adael i neb achub y blaen arno. Dim peryg' yn y byd! Ei fuddugoliaeth o fyddai hon, a neb

90

arall. Cyn cinio byddai Modryb yn ddiogel ar y ffordd i Lerpwl mewn bws Express Tours, a byddai yntau'n arwr.

Tarfwyd ar ei ffantasi pan glywodd ei chwaer yn dweud o'r tu ôl iddo, mewn llais bach diniwed: 'Dwi ddim yn cofio pwy wnaeth ffonio, nac'dw?'

'Nac wyt,' cytunodd, ac ysgwyd ei ben mewn sobrwydd. Roedd hi'n gwbl amlwg iddo fo fod y llyfrau ar fagu plant yn y llyfrgell yn hollol anghywir. A'r tu ôl i'r gred honno llechai teimlad bach annifyr y gallai ei chwaer benfelen fod yn ddynes beryglus iawn ryw ddiwrnod.

Pan gododd Mam am chwarter i wyth, dyna ble'r oedd Gwenan yn eistedd yn y gegin yn llwyd fel lludw. Ac roedd y paced Coco Pops yn wag.

Syndod mwy na hynny oedd gweld mai ar lin ei brawd mawr yr eisteddai, a'i fod wrthi'n darllen stori'r Tri Mochyn Bach iddi.

Doedd Robat *byth* yn darllen stori i'w chwaer, a doedd hi byth bythoedd yn cael eistedd ar ei lin.

Roedd rhywbeth mawr o'i le yn yr Hen Reithordy.

Neidiodd Robat fel petai rhywun wedi rhoi pin yn ei ben-ôl pan welodd ei fam. 'Rargol,' meddai, cyn iddi gael cyfle i ddweud rhywbeth gwawdlyd, 'rydach chi'n gwisgo siwt!'

'Ydw,' atebodd hithau'n siort, 'dwi'n mynd i weithio. Fedra i ddim diodde diwrnod arall yn y tŷ 'ma.'

'Pwy sy'n mynd i edrach ar ôl fi?' dolefodd Gwenan.

'Mi geith dy frawd wneud, gan 'i fod o'n gymaint o ffrindia efo chdi,' atebodd Mam, gan estyn am y jar goffi.

Allai Robat ddim credu'i glustiau. Doedd Mam byth yn gadael iddo fo na Huw ddodjio'r ysgol. Roedd hi'n gamp cael aros adref hyd yn oed pan oeddech chi'n sâl go-iawn. Beth oedd yn bod ar Mam heddiw? Oedd Modryb wedi ei gwneud mor ofnadwy o *desperate* â hynny? Craffodd Robat arni a sylweddoli er syndod ei bod hi'n edrych yn welw, a bod ei gwallt yn disgyn am ben ei dannedd. Ella'i bod hi wedi cael rhyw *germ* yn y domen byd. Neu oedd hi'n dechrau mynd yn rhyfedd, tybed?

Rhyfedd neu beidio, roedd hwn yn gyfle gwych i sodro Modryb unwaith ac am byth, a doedd Robat ddim am fentro'i golli. 'O, ocê 'ta,' meddai, gan geisio swnio'n anfodlon, 'os oes raid i mi.'

Daeth Dad i'r gegin ar hynny.

'Dwi wedi troi'r cwpwrdd eirio tu ucha'n isa i ti,' meddai wrth Mam, 'a does 'na ddim hanes o staes Modryb.'

'Ond fan'no gadewis i o,' mynnodd Mam yn

daer. 'A does gynno fo ddim traed. Glywist ti sŵn Modryb yn codi?'

'Naddo, diolch i'r nef.'

'Mi a' i i chwilio,' meddai Mam, 'ar ôl i mi yfed' y nghoffi. Fydda i ddim dau funud yn cael gafael arno fo, gei di weld.'

Pe bai Mam wedi meddwl cyn sbowtio, fe fyddai hi wedi cofio geiriau tebyg roedd hi wedi'u dweud wrth Huw y diwrnod cynt, wrth sôn am y ddau deiar beic. Roedd hi wedi cymryd dipyn mwy na dau funud iddi gael gafael ar y rheini. Ond nid ar y ddau deiar beic roedd meddwl Mam wrth lowcio'i choffi du, cryf eithr ar diwn gron Miss Tretchly yn Bodlondeb School for Girls flynyddoedd lawer yn ôl. *If at first you don't succeed, try try again.* Neu, mewn geiriau eraill, meddyliodd Mam, tri chynnig i Gymro (neu Gymraes yn yr achos hwn).

Roedd Mam am roi cynnig arall arni; roedd ganddi un tric bach arall i fyny'i llawes. A hwn oedd y gorau. Y gorau oll o'r tri. Bwriadai ei roi ar waith heno. Roedd o'n 'wych-pych', fel y byddai Huw wedi dweud, ac allai o ddim methu. Ond ni fedrai Mam ei weithredu nes cael Modryb yn *all set* yn ei staes.

A ble'r oedd y staes?

Rhwbiodd Huw ei drwyn oedd yn cosi, a theimlo clustog sidanaidd lle'r arferai gobennydd Tomos y Tanc fod. Agorodd ei

93

lygaid a gweld staes Modryb yn anghyfforddus
o agos ato. Taflodd ef cyn belled ag y gallai, gan
feddwl mor braf fyddai gallu hyrddio Modryb
hefyd yn bell, bell. Gorweddodd am sbel wedyn
gan syllu'n ddioglyd ar y staes. Ac o dipyn i
beth tyfodd syniad yn ei ben.

Roedd hi'n ddydd Iau, a phob dydd Iau roedd
merch o'r enw Gwenda'n cynnal stondin bron-
yn-newydd rhwng y stondin blanhigion a'r
stondin dda-da ar y farchnad. Câi Robat roi
help llaw iddi gadw'r stwff yn y fan ar ddiwedd
y dydd weithiau, a phunt o dâl am wneud
hynny. Byddai bob amser yn rhoi'r bunt yn ei
gadw-mi-gei at brynu rhyw gêm neu lyfr.
Doedd ganddo fo ddim dant melys. A dyma
Huw yn meddwl ella y byddai Gwenda'n fodlon
rhoi rhyw hanner can ceiniog iddo fo am y
staes. Roedd yn edrych fel newydd, ac roedd
aroglau disinffectant cryf, yn gymysg â Phersil
arno, a brofai iddo ddod o gartre da.

Ni feddyliodd Huw ddwywaith ar ôl cael y fath
syniad ardderchog. Wnaeth o ddim amau
efallai na fyddai ar Gwenda ddim eisiau hen
staes wedi'i strejio bob sut. Bowndiodd o'i wely
a thaflu'r staes i'w fag ysgol. Yna gwisgodd
amdano'n gyflym a rhedeg i lawr y grisiau, heb
drafferthu cau careiau ei esgidiau, na
strapiau'i fag.

Cyn mynd i'r gegin piciodd i'r parlwr i
edrych a oedd yna rywbeth yno i'w fwyta ar ôl

94

y noson cynt. (Byddai ei dad yn gadael paced o fisgedi caws ar ei hanner ambell dro.) Ond doedd yno ddim briwsionyn o ddim y bore 'ma. Pan oedd ar droi i fynd i'r gegin am frecwast sydyn cyn cychwyn am y farchnad, sylwodd fod y ffôn wedi'i adael oddi ar ei fachyn. Cododd y derbynnydd a'i roi'n ôl yn ei grud.

Cyn ei fod wedi cyrraedd drws y parlwr, canodd y ffôn. Ac atebodd Huw.

Roedd Robat ar ganol bwyta powlennaid o gornfflêcs crynshlyd pan dybiodd iddo glywed y ffôn yn canu. Dim ond un caniad: Drrrriiing! Ond allai o ddim bod yn siŵr. Perswadiodd ei hun mai sŵn cloch beic Dennis a glywsai, a daliodd i fwyta. Pan ffoniai'r dyn y tro nesaf, ar ôl i Dad a Mam fynd i weithio ac iddo yntau osod Gwenan i edrych ar gartwnau Smyrffs ar y fideo, fe fyddai o Robat, arwr y dydd, yn barod wrth y ffôn.

Pan glywodd Modryb dinc gwta'r ffôn deffrôdd a llamu o'i gwely. Cydiodd yn frysiog yn ei gŵn gwisgo a drybowndian i lawr y grisiau i'r parlwr.

Agorodd y drws yn dawel, a dyna ble'r oedd Huw a'i gefn ati'n siarad efo rhywun yn Saesneg, a'i fag ysgol coch ar ei gefn. Doedd dim pwt o angen sbectol ar Modryb. Gwelodd ei staes ar unwaith ac estynnodd amdano a'i guddio i lawr ffrynt ei gŵn gwisgo. Byddai

angen dyn dewrach na Huw i fynd ar ei ôl i lawr
i fan'no.

Rhoddodd Huw y derbynnydd ar y bwrdd
coffi a throi rownd i redeg am y gegin, i nôl Dad
neu Mam i siarad efo'r dyn oedd ar y pen arall
i'r ffôn. Bu bron iddo â neidio o'i ddillad pan
welodd Modryb yn sefyll wrth y drws, cyn
hylled â phechod, a hen wên slei ar ei hwyneb.
Gwyddai hi fod Huw yn gwybod gormod.

'Huw, 'nghariad i,' meddai hi'n ffals, gan
gymryd y derbynnydd o'i law a'i roi mewn pot
blodau cyfagos, 'blodyn aur.' Lledodd y wên yn
sydyn, nes ei bod fel hanner lleuad lydan.

Edrychodd Huw ar y ffôn oedd ar fin boddi yng nghanol coesau crysanthymyms ac yna'n ôl ar Modryb. Y rheswm am y wên anferthol oedd ei bod hi newydd gofio am ddiwrnod y dolur rhydd, ac am y Pic & Mix, a disgleiriai ei dannedd gosod mawr gwyn yn wyneb Huw wrth iddi wneud ei gorau glas i fod yn anti neis, glên. Roedd hi'n mynd i osod trap iddo, y carchar melysaf yn y byd. 'Huw, *my sweetie,*' meddai hi wedyn, 'tyrd efo fi i'r llofft . . .'

'Na,' meddai Huw ar ei ben.

'I gael arian i brynu da-da bach,' anogodd Modryb. 'Fferins *lovely.* Lot fawr o fferins. Gwerth dwy bunt a phum deg ceiniog o fferins?'

Byddai unrhyw blentyn synhwyrol wedi sylweddoli'i fod yn cael ei freibio i gau'i geg, ac wedi sylweddoli hefyd y byddai gwerth dwy bunt a 50c o Pic & Mix yn ei wneud yn erchyll o sâl, yn rhy sâl i allu edrych ar dda-da am fisoedd lawer.

Doedd Huw ddim yn ddwl. Gwyddai ei fod yn cael ei brynu. Gwyddai y gallai gwerth dwy bunt a 50c o fferins effeithio ar ei stumog, a gwneud pethau gwaeth iddo na'r Senna Pods, hyd yn oed.

Ond doedd dim gwahaniaeth ganddo. Roedd y demtasiwn yn ormod. Ac roedd o wedi cael rhy ychydig o dda-da am gyfnod rhy faith o amser i allu gwrthod. Nid arno fo roedd y bai, druan bach, ond ar ei fam a'i dad a'u hobsesiwn am effaith ddrwg pethau da ar ddannedd plant.

Ond mae moesau pydredig yn waeth gan gwaith na dannedd pwdr.

'Iawn 'ta,' cytunodd Huw, gan ddilyn Modryb o'r parlwr ac i fyny'r grisiau i'w llofft. 'Dwy bunt pum deg. A phris tocyn bỳs i'r dre.'

'*All right then, my dear*,' cytunodd Modryb, gan ddal ei gafael yn dynn, dynn yn ei staes.

14.

'Huw,' meddai Mam, rai munudau'n ddiweddarach, gan fartsio i mewn i lofft yr hogiau, 'wyt ti wedi bod yn prowla yn y cwpwrdd eirio 'na am sana eto?'

'Naddo,' atebodd Huw yn ofalus ac yn weddol onest, a phres Modryb yn llosgi yn ei ddwrn. 'Dwi yn yr un sana ers dydd Llun. Pam?'

'Mi rois i staes Modryb yno neithiwr,' eglurodd Mam, gan geisio peidio â chochi, 'i eirio at y bore. Ond dydi o ddim yno rŵan.'

'O biti,' meddai Huw, gan droi'i gefn ar ei fam i stwffio'i ddwy bunt a phum deg ceiniog a'r pres bws i'w bwrs. Doedd o byth wedi maddau i'w fam am wrthod credu ei dystiolaeth am y pi-pi a'r sandwij. 'Ydach chi'n hollol siŵr gan y cant eich bod chi wedi'i roi o yno?'

'Be wyt ti'n drio'i ddweud?' meddai Mam yn sosi, 'nad wyt ti ddim yn 'y nghredu i?'

'Wel,' meddai Huw gan droi rŵan i'w wynebu, a'i herio. 'Ro'n i'n dweud y gwir neithiwr ond doeddach chi ddim yn fy nghredu fi, nac oeddach?'

'Emyr,' bloeddiodd Mam ar ei gŵr. 'Tyrd yma, wnei di? Mae Huw wedi penderfynu bod yn broblem.'

'Dy broblem di,' meddai Dad o waelod y grisiau gan agor drws y ffrynt. 'Dwi'n mynd.'

Ond cyn i Dad gael cyfle i ddianc o'r Hen Reithordy i ddiogelwch diflas braf y Ganolfan Waith, daeth sŵn erchyll o'r hen lofft chwarae: rhuadau mawr dwfn a chlindarddach pethau'n cael eu taflu a'u p'ledu. Yna clywyd clic y ffenest *Velux* yn cael ei hagor a rhagor o duchan a hyrddio dychrynllyd.

'O, Mam bach,' sgrechiodd Mam, 'yr ysbryd! *Poltergeist* ydi o! Mae o'n mynd i falu'r lle 'ma'n rhacs!'

Roedd Dad yn brasgamu i fyny'r grisiau erbyn hyn, a Robat a Gwenan yn dynn wrth ei sodlau.

'Arhoswch yma,' meddai Dad yn ddewr wrth ei deulu, 'mi a' i i fyny fy hun.'

'O, Emyr cymer ofal,' llefodd Mam.

Pan roddodd Dad ei droed ar stepen gyntaf y grisiau cul a arweiniai i'r hen llofft chwarae, distawodd y trwst yn y fan. Ni chlywid yr un smic o sŵn. Safodd Dad yn ei unfan a syllu ar ei wraig, ac yna ar ei blant. Roedd o'n wyn fel angau. Crynai ei wefus. Roedd ei ddau lygad brown ffeind yn llawn braw.

'Paid â mentro, Emyr,' meddai Mam, 'rhag ofn.'

Ond doedd Dad ddim yn jibar. Gwenodd yn gwta ar ei deulu bach fel petai'n ffarwelio â nhw am y tro olaf, ac yna sangodd ei droed ar ail a thrydedd step y grisiau cul.

'Dad,' meddai Huw, gan ruthro ato, 'dwi'n dŵad efo chi.'

'Aros lle'r wyt ti, was,' atebodd Dad. 'Nid chwarae plant ydi hyn.'

Ond chymerodd Huw ddim sylw o eiriau ei dad. Cripiodd ar ei ôl yn dawel, ac er bod ei fam newydd ddweud y drefn wrtho gynnau ni allai beidio â theimlo'n falch rŵan wrth ei weld mor ddi-ofn.

Safodd y tri arall yn un twr bach ofnus ger drws y cwpwrdd eirio. Roedd Robat yn dal Gwenan ar ei fraich, a gafaelai Mam am ei ysgwydd o. Disgwylient glywed gwichian drws y llofft chwarae wrth i Dad feiddio'i agor . . .

Brrrrrrrrr!

Bu bron i'r tri ar y landing â chael ffit farwol pan ganodd cloch drydan y drws ffrynt fel

100

seiren dros y tŷ. Daliai i ganu, fel pe bai'r byd
ar ben. Brrrrrrrrrrrrr!

'Mi a' i,' meddai Robat o'r diwedd, gan roi'i
chwaer fach ym mreichiau ei fam a rhuthro i
lawr y grisiau.

Roedd y drws yn lledagored ac agorodd Robat
ef led y pen. Syllodd yn hurt am ennyd ar y dyn
mewn siwt dywyll a'r ddau swyddog a safai y tu
ôl iddo. Pwy ar y ddaear fawr oedd y rhain?
Edrychent fel plismyn ac eto nid plismyn
oedden nhw. Nid iwnifform plismyn oedd
amdanyn nhw. Teimlodd Robat ias o ddychryn
yn cerdded ei asgwrn cefn.

Cyn iddo gael cyfle i ddweud dim achubodd y dyn yn y siwt dywyll y blaen arno.

'Mowenna May Prydderch?' gofynnodd yn ddwys gydag acen Seisnig.

Doedd Robat ddim wedi adnabod y wisg na'r llais, ond gwyddai ar ei union pwy oedd hwn. Hwn oedd y dyn ar y ffôn. Ac nid oedd gofyn edrych arno ddwywaith i weld nad cymydog na dyn hel rhent na chariad mohono.

'*Come in*,' meddai Robat, a'i galon yn curo fel drwm.

Roedd y dirgelwch ar fin cael ei ddatrys.

Roedd y gwir ar fin cael ei ddadlennu.

Roedd Modryb Lanaf Lerpwl ar fin cael ei chracio.

15.

'Emyr,' gwaeddodd Mam o ben y landin, gan syllu'n bryderus i gyfeiriad yr hen lofft chwarae, 'wyt ti'n iawn, 'y nghariad i? Welwch chi rywbeth?'

Cyn i'w gŵr gael cyfle i'w hateb clywyd llais dwfn yn gorchymyn y ddau ŵr dewr a safai ar ben y grisiau:

'*KEEP OUT!*'

'Emyr,' mentrodd Mam eto, yn nerfus, 'lleidr sy 'na?'

Ond ni chafodd ateb. Yn hytrach clywodd ei gŵr a'i mab yn dechrau gwthio'r drws â'u holl nerth, gan duchan a rhegi dan eu gwynt. O'r diwedd, ar ôl chwysu ac ymlafnio am rai munudau hir agorodd y drws yn sydyn a chlywodd Mam Dad a Huw'n disgyn fel dau sachaid o datw ar lawr y llofft chwarae.

'Huw! Emyr!'

Ni ddaeth ateb eto. Ond yna clywodd Mam sŵn trist a wnaeth i'w thu mewn droi: sniffian truenus hogyn bach yn torri'i galon.

'Huw? Wyt ti wedi brifo, 'ngwas i?'

'Y Monopoly, a'r Scaletrix, a'r synthesiser! O, na, Dad! A tedi brown a Panda!'

'Dwi'n mynd i ffonio'r heddlu, Emyr,' meddai Mam.

'Na. Paid,' meddai yntau, gan gamu'n sydyn o'r hanner tywyllwch ar ben y landin, a datgelu'r 'lleidr' i'w wraig syn. 'Dim ond dipyn o hwyl oedd y cyfan. Yntê Modryb?'

'Hwyl? *Imbecile*! *I was spring cleaning*,' mynnodd Modryb ar dop ei llais, gan dynnu ei braich chwith yn rhydd o'i afael. 'Roedd y lle'n llawn dop o rybish gwirion a hollol diwerth.'

'Scaletrix!' ebychodd Huw mewn anghredin-iaeth. 'Rybish?'

'RYBISH.'

Roedd Huw wedi cyrraedd pen ei dennyn. Dyma fo newydd golli'r pethau mwyaf gwerthfawr oedd ganddo yn y byd: ei Scaletrix,

103

a'i dedi brown a'i banda a'i Monopoly, a llawer llawer mwy. Pa gysur oedd dipyn o Pic & Mix o'u cymharu â'r trysorau hyn oedd bellach yn rhacs gyrbibion ar y llawr y tu allan i'r ffenest *Velux*? Dim cysur o gwbl.

'Dwi'n mynd i ddweud wrth Mam a Dad,' achwynodd, 'pwy oedd ar y ffôn.'

Roedd Modryb wedi bod ar fin taflu lorri Tonka fawr felen drwy'r *velux* pan ddaliodd Dad hi gynnau ac roedd wedi bod yn ddigon cyfrwys i ddal ei gafael ynddi â'r llaw oedd y tu ôl i'w chefn. Pan glywodd fygythiad Huw yn awr ni phetrusodd am eiliad. Cododd ei braich dde a'r lorri Tonka fetel yn uchel, uchel a chyda sweip gref, fwriadol anelodd â'i holl nerth am ben Huw.

'Diolch,' meddai Mr Raymonds, gan gymryd bisged siocled o'r paced a gynigiai Robat iddo, 'mi fydd paned yn dda rŵan.'

Gwenodd Dad ar Mr Raymonds a gwenodd Mam ar Dad. Gwenodd Gwenan ar Mam a gwenodd Mam ar Robat. Yn sydyn, wrth iddo droi gwelodd Robat y ffôn yn nofio'n braf yng nghanol coesau crysanthymyms a gwenodd yntau — ar Huw. Dyna pam fod y ffôn wedi gwneud sŵn mor rhyfedd amser brecwast!

Ond roedd Huw yn rhy giami i wenu'n ôl. Eisteddai ar y soffa wrth ymyl Mr Raymonds gan ddal paced o bys wedi'u rhewi ar ei ben i geisio cadw'r chwydd i lawr. Cymerodd ddwy fisged a dechrau'u bwyta fel pe baen nhw'n sandwij. Sandwij siocled.

'Mae Miss Prydderch yn ddynes wael,' eglurodd Mr Raymonds yn dawel wrth Dad a Mam ar ôl cymryd sip o'i de. 'A pheryglus.' Trodd a llygadu Modryb a safai rhwng dau swyddog wrth y drws a golwg fel bwch arni. 'Mi ymosododd ar ddynes llnau yng Nghapel New Street rai misoedd yn ôl, ac achosi niwed difrifol iddi, wyddoch. 'I churo hi'n greulon efo brwsh llawr.'

'Dynes llnau?' meddai Dad, 'ond dydi'r peth yn gwneud dim synnwyr! A hitha mor arw am llnau 'i hun.'

'Llnau yn ôl ei safona aruchel hi, yntê,' meddai Mr Raymonds yn drist. 'Mi fu Miss Wright-Williams mor ffol â defnyddio Mr Sheen i lanhau'r sêt fawr yn hytrach na pholish cŵyr. Mi daliodd Miss Prydderch hi wrthi ryw bnawn Sadwrn, yn anffodus, ac mi fu'n rhaid i Miss Wright-Williams druan dalu'n ddrud am ei chamgymeriad. Ugain o bwytha a thorri chwe asen. Mae'r profiad wedi'i throi hi oddi wrth grefydd am byth.'

Cododd Mam ei phen i syllu ar Modryb wrth glywed y stori ofnadwy hon. Fe allai'r ddynes yma fod wedi niweidio un o'i phlant diniwed yn ddifrifol, neu'u lladd, hyd yn oed! Cofiodd fod ganddi ddau gan cyfan o Mr Sheen yn y cwpwrdd dan y sinc. Beth pe bai Modryb wedi digwydd darganfod y rheini? Ond anghofiodd bryderu amdani ei hun pan gofiodd fel roedd hi wedi gadael Huw a Gwenan fach yng ngofal Modryb am oriau tra bu hi'n prowla am y ddau deiar beic yn nhomen byd Rhos Bellaf. Teimlai Mam chwys gwan yn torri'n donnau drosti. Pa iws fyddai cynllun rhif tri wedi'i fod yn erbyn Modryb yn ei chyflwr presennol? Dim. Dim oll.

Ond roedd Modryb y tu hwnt i falio am ei nith na Miss Wright-Williams na neb arall. Dyna ble'r oedd hi rŵan er mawr ryfeddod a syndod bythol i Mam, yn pigo'i thrwyn yn braf ac yna'n stwffio'r slafan gwyrdd i'w cheg a'i droi rownd a rownd ar ei thafod. Modryb o bawb, yn gwneud peth mor ansbaradigaethus o 'sglyfaethus!

'Ych a fi!'

Trodd pawb arall i syllu i'r un cyfeiriad â Mam.

'Mi wnaeth hi roi pi-pi yn sinc a thorri brechdan wedyn heb olchi'i dwylo, chi,' meddai Huw yn ddifrifol.

'Dwi'n dy goelio di, Huw,' meddai Mam, heb arlliw o wên na winc na phryfôc. 'Druan ohoni, does ganddi ddim help.'

'Nac oes,' cytunodd Huw, gan rwbio'i ben, 'debyg.'

106

'Nac oes wir,' ategodd Dad yn ddifrifol.

'Cadwch eich hen gydymdeimlad budur,' poerodd Modryb yn gas i'w cyfeiriad a'i llygaid yn melltennu. Trodd y teulu oll a syllu'n hurt arni. 'Ro'n i'n *champion* nes des i yma.' Trodd at un o'r swyddogion a dweud dan ei gwynt. 'Teulu ofnadwy, cofiwch. Budur. C'lwyddog. Cegog.'

Cododd y swyddog ei ben a syllu'n amheus ar Dad a Mam.

' "Tŷ glân, calon lân," dyna fydda i'n 'i ddweud bob amser,' cyhoeddodd Modryb wrtho'n awdurdodol wedyn, cyn ailddechrau pigo'i thrwyn.

Roedd Mr Raymonds wedi bod yn gwylio Modryb, a throdd yn ôl i wynebu'r teulu nawr, ac i yfed ei de.

''Rhen greadures,' meddai, gan gymryd bisged arall.

'Mochyn,' sgrechiodd Modryb, a oedd wedi'i glywed. 'Dos yn ôl i dy dwlc.'

'Da iawn, Modryb,' chwarddodd Gwenan, wedi gwirioni ar y perfformans. Curodd ei dwylo. 'Hogan Modryb ydw i.'

'Gwenan,' meddai Mam a Dad fel un.

'A chi hefyd 'te.'

'Dau funud,' addawodd Mr Raymonds yn nerfus, a'i gwpan yn dawnsio yn y te yn ei soser, 'ac mi awn ni. Dim ond yfed hwn. Neis iawn wir.'

Ond yna tarfwyd ar funud olaf seibiant Mr Raymonds gyda'i baned gan gythrwfl wrth y drws. Roedd Modryb yn ceisio dianc! Gwelodd Robat hi'n dechrau gwingo a rhedodd i'r fan fel ergyd, yn benderfynol o fod yn arwr y dydd. Safodd fel sowldiwr ar draws ei dihangfa tra oedd y ddau swyddog yn ceisio ailafael ynddi.

Ond roedd rhyw newydd nerth wedi meddiannu Modryb. Ysgydwodd ei hun yn rhydd gan floeddio'n ffyrnig ar y ddau o boptu iddi:

'Gadewch i mi fynd, y ffyliaid bach afiach!'

Cododd Mam. 'Dydach chi'n mynd i unlle, Modryb, meddai hi'n gadarn, gan deimlo pwysau blynyddoedd diflas o hir ddioddef Modryb yn llifo oddi arni fel blwmonj o bowlen, 'i unlle, ond yn eich ôl i Lerpwl efo Mr Raymonds.'

'Un dwp, wirion, hanner call fuoch chi erioed, Carwenna,' llefodd Modryb yn wyneb Mam. 'Dydach chi'n deall dim.' Roedd hi'n dechrau troi'n biws wrth weiddi ac roedd ffroth gwyn o'i dannedd gosod yn hel ar ymylon ei cheg. *Stupid girl!* Dwi'n mynd y munud 'ma, a does yna neb, neb, neb yn mynd i fy rhwystro fi rhag mynd.'

'Mynd i le?' gofynnodd Gwenan iddi, gan nad oedd neb arall am ofyn.

'I ble!' ffrwydrodd Modryb. 'I ble?' Roedd hi bron ag ymrwygo gan gynddaredd a gwylltineb, ond am eiliad fer daeth llygedyn glân o reswm i'w llygaid bach glas wrth iddi boeri: 'I'r bàth, debyg iawn! Ble arall?'